**이상민** ( 곤지암고등학교 수학교사 )
**장윤영** ( 광남고등학교 수학교사 )
**임종석** ( 진접중학교 수학교사 )
**정다혜** ( 장자중학교 수학교사 )

### 데스모스로 수학 수업 만들기

| | |
|---|---|
| 발 행 | 2024년 1월 1일 |
| 저 자 | 이상민, 장윤영, 임종석, 정다혜 |
| 펴낸곳 | 지오북스 |
| 등 록 | 2016년 3월 7일 제395-2016-000014호 |
| 전 화 | 02)381-0706 / 팩스  02)371-0706 |
| 이메일 | emotion-books@naver.com |
| 홈페이지 | www.geobooks.co.kr |
| ISBN | 979-11-91346-78-7 |
| 정 가 | 22,000 원 |

이 책은 저작권법으로 보호받는 저작물입니다.
이 책의 내용을 전부 또는 일부를 무단으로 전재하거나 복제할 수 없습니다.
파본이나 잘못된 책은 바꿔드립니다.

# 차 례

## 1부  DESMOS 액티비티 만들기

### 제1장  DESMOS 소개
01 desmos란? ··············································································· 9
02 desmos의 장점 ········································································ 9

### 제2장  DESMOS 액티비티 만들기
03 사용하기 전 준비 ································································· 14
04 새 액티비티 제작 ································································· 20
05 각 구성요소 알아보기 ························································· 24
06 수업하기 ················································································ 50
07 학생 수업 안내하기 ····························································· 56

## 2부  DESMOS 필수 기능 익히기

### 제1장  주요 기능
08 연산 레이어 스크립트 이해하기 ········································ 61
09 조건절 ···················································································· 66
10 구성요소 숨기기 ··································································· 68
11 구성요소 나타내기 ······························································· 71

desmos

### 제2장 시각화 기능

**12 그래프 자취 그리기**
  (1) 자동으로 그려지는 그래프 ················································ 75
  (2) 동영상 플레이어로 만들기 ················································ 78
  (3) 재생버튼 추가하기 ···························································· 81
  (4) 범위에 따라 변하는 함수 그래프 ······································ 84

**13 화면 영역 제한하기**
  (1) 정해진 화면 크기로 보이게 하기 ······································ 87
  (2) 학생들이 화면 직접 조정하기 ············································ 89

**14 그래프 애니메이션**
  (1) 그래프의 이동 관찰하기 ···················································· 92
  (2) 그래프의 제한된 이동 관찰하기 ········································ 94
  (3) 그래프의 이동량 직접 조절하기 ········································ 97

**15 그림판 배경 설정하기** ······························································ 101
**16 움직이는 점 캡처하기** ······························································ 104

### 제3장 피드백 기능

**17 입력한 내용을 문장에 추가하기** ················································ 108
**18 수식, 순서쌍 나타내기**
  (1) $y = f(x)$ 꼴의 함수 ························································ 110
  (2) $0 = f(x, y)$ 꼴의 함수 ···················································· 112
  (3) 순서쌍 ·················································································· 114

**19 선택지에 맞는 그래프 나타내기** ················································ 117
**20 버튼을 이용한 힌트 제공하기** ···················································· 120

# 3부   DESMOS 응용 기능 알아보기

21 랜덤으로 함수 생성하기·················································· 124
22 스크립트에서 연산하기···················································· 127
23 정답 확인하기
　(1) 수식 답변················································································ 130
　(2) 표····························································································· 131
　(3) 그래프에 나타내기································································ 134
　(4) 랜덤으로 함수 생성하기 답 확인······································· 137
　(5) 그래프 그리고 비교하기······················································· 139

# 4부   DESMOS로 수업 따라하기

### 제1장  일차함수의 그래프 (중2)

24 일차함수의 그래프 관찰················································· 145
25 평행이동 관찰(1)······························································ 149
26 평행이동 관찰(2)······························································ 153

### 제2장  이차함수의 그래프 (중3)

27 이차함수의 그래프 그리기(1)········································· 157
28 이차함수의 그래프 그리기(2)········································· 159
29 이차함수의 그래프 그리기(3)········································· 162

## 제3장 삼각함수의 그래프 (고2)

    30 함수의 치역 확인하기 ·················································· 167

    31 자신이 그린 그래프 확인하기 ········································ 173

## 제4장 접선의 방정식 (고2)

    32 주어진 접점에서의 접선의 방정식 ································· 184

    33 기울기가 주어진 접선의 방정식 ···································· 189

# 프롤로그

### 데스모스를 이용한 다채로운 학생 참여형 수업을
### 진행하고자 하는 수학 교사에게 도움을 주고자 만들어진 책

「데스모스로 수학 수업 만들기」는 선생님들께서 데스모스에 익숙해지고 데스모스를 이용한 수학 수업을 자유롭게 만들 수 있도록 도움을 주는 책입니다. 수업을 만들기 위한 필수적인 액티비티와 기능들을 익힐 수 있는 실습 위주의 내용으로 구성하였으며 교재 내용을 차근차근 따라한다면 자연스럽게 수업을 만들기 위한 발판을 갖추게 될 것입니다. 그 후 데스모스를 이용한 수업 예시안을 직접 따라하고 참고하면서 선생님만의 수업을 만들 수 있을 것입니다.

---

요즈음 중학교 1학년을 대상으로 1인당 태블릿 pc 한 대를 보급하는 등 학교에 계속해서 태블릿 pc가 보급되고 있습니다. 이런 교육의 흐름에 발맞추어 수학 수업에 공학적 도구를 활용하고자 하는데, 어떻게 해야 할지 막막한 선생님들이 계실 것입니다.

데스모스를 이용하면 '직접 그래프 그리기, 카드 연결하기' 등 학생의 활동 종류가 다양하고 수업 제작 시에도 주요 기능만 알면 이를 활용해 무궁무진한 수업을 만들 수 있습니다. 선생님이 상상했던 그 어떠한 수업도 이 책을 통해 데스모스에 대해 알아가며 만들어 낼 수 있을 것으로 기대합니다.

저자 정다혜

---

학생 주도의 디지털 컨텐츠 수업을 데스모스에서 만들어 보세요.

데스모스는 정적인 텍스트로 학습하기 어려운 함수, 기하 영역에서 동적인 상황을 쉽게 표현해줌으로써 개념 학습에 효과적으로 활용할 수 있는 수업 도구입니다.

이 책에서는 선생님이 데스모스를 활용하기 위한 기본적인 조작법과 기능 설명, 효과적인 수업 도구를 안내합니다. 더불어 수업 예시를 통해 실제 활용 가능한 액티비티를 QR코드와 함께 제시합니다. 데스모스로 학생들과 즐거운 수학 수업을 만들어보세요!

저자 임종석

코로나 시대에 온라인 수업이 급증하며 학생들의 흥미와 집중력이 떨어진 상황에서, 학생들에게 동기부여를 제공하고 교사들과의 상호작용을 가능하게 하는 방법을 찾기 위해 고민했습니다.

데스모스를 통해 학생들이 수학 개념을 시각적으로 이해하고 흥미롭게 수업에 참여할 수 있게 되었습니다. 교사들은 학생들의 활동을 관찰하고 포트폴리오로 활용할 수 있게 되었습니다.

이 책의 목적은 선생님들과 데스모스를 활용한 수업 방법을 공유하고, 수학에 대한 두려움을 없애고 적극적인 참여를 독려하는 기회를 제공하는 것입니다. 선생님들이 데스모스를 쉽게 이해하고 사용할 수 있도록 작성하였으며, 이 책이 수업 발전에 도움이 되길 바랍니다.

저자 이상민

데스모스를 처음 접했을 때 수업의 목적에 따라 여러 구성요소를 조합하여 원하는 액티비티를 제작할 수 있다는 점에 가장 큰 매력을 느꼈습니다. 이 외에도 학생들과 실시간으로 상호작용이 가능한 점, 이미 제작된 액티비티를 수정하여 사용할 수 있는 점 등 많은 장점에 당장 사용해야겠다고 생각했지만 정작 바로 수업에 활용할 수는 없었습니다. 데스모스의 기본기능을 이해하는 데 시간이 걸렸으며 스크립트에 대한 이해가 부족하여 어려움을 겪는 등 높은 진입장벽을 느꼈습니다.

이 책은 이러한 진입장벽을 극복하고 데스모스를 처음 접하는 분들이 쉽게 이해하고 활용할 수 있도록 작성되었습니다. 데스모스를 시작하는데 어려움을 느끼신 많은 수학 선생님들께서 이 책이 도움이 되어 각자의 수업에 창의적으로 활용하시고 제작된 수업 자료가 활발히 공유되어 서로 성장하는 수학 수업이 이루어지면 좋겠습니다.

저자 장윤영

2023년 11월<br>저자 일동

# 1부
# DESMOS 액티비티 만들기

### 제 1장   DESMOS 소개

### 제 2장   DESMOS 액티비티 만들기

# 제 1장
# DESMOS 소개

## 01 DESMOS란?

데스모스는 모든 사람들이 수학 교육을 받고 성장하는 것을 목표로 하는 공익 법인입니다. 전 세계적으로 7,500만 명이 넘는 사람들이 사용하고 있으며 단순 교육을 뛰어넘어 미국에서는 평가, 디지털 대입 시험, 예술작품 창조 소프트웨어로 사용되고 있습니다. 현재 한국에서도 많은 선생님이 데스모스로 수학 수업을 제작하고 있습니다.

## 02 DESMOS의 장점

### (1) 자유도

수업 제작에 한계가 존재하지 않을 정도로 수업 구성 자유도가 높습니다. 해외 수업 자료뿐만 아니라 국내에서 선생님들이 제작한 수업 자료를 보면 항상 그 창의성에 놀라곤 합니다. 물론 단순한 구성요소들의 열거가 아닌 다양한 기능을 구현하고 수업 방향성에 따라 수업을 설계하기 위해서는 기본 도구들이 아닌 연산 레이어와 스크립트 사용법을 익히는 과정이 필요합니다.

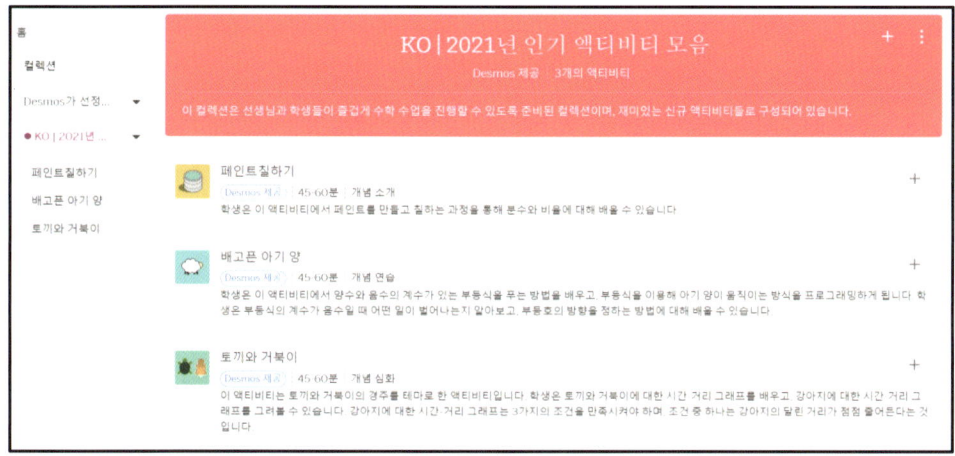

▲ 무료로 제공되는 다양한 해외자료(일부 수업은 현지 번역팀에 의해 번역)

## (2) 역동적인 수업

데스모스에는 일반적인 교실 수업에서 경험하기 힘들었던 시각화 경험을 통해 역동적인 수업을 구현할 수 있는 다양한 기능이 있습니다. 학생들이 배우는 개념에 대한 아이디어를 직접 제시하고 이를 눈으로 확인하며 자신의 지식을 수정해나가는 과정을 설계하기에 최적화되어있습니다. 또한 꾸준한 업데이트를 통해 좀 더 편리하게 수업을 구성할 수 있도록 개선되고 있습니다.

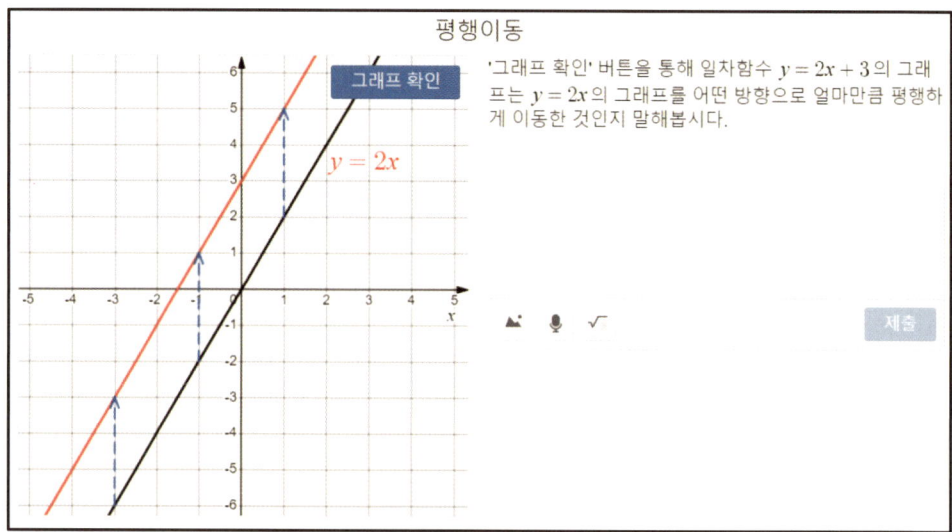

▲ 학생이 직접 그리고 확인하고 수정하는 능동적인 수업

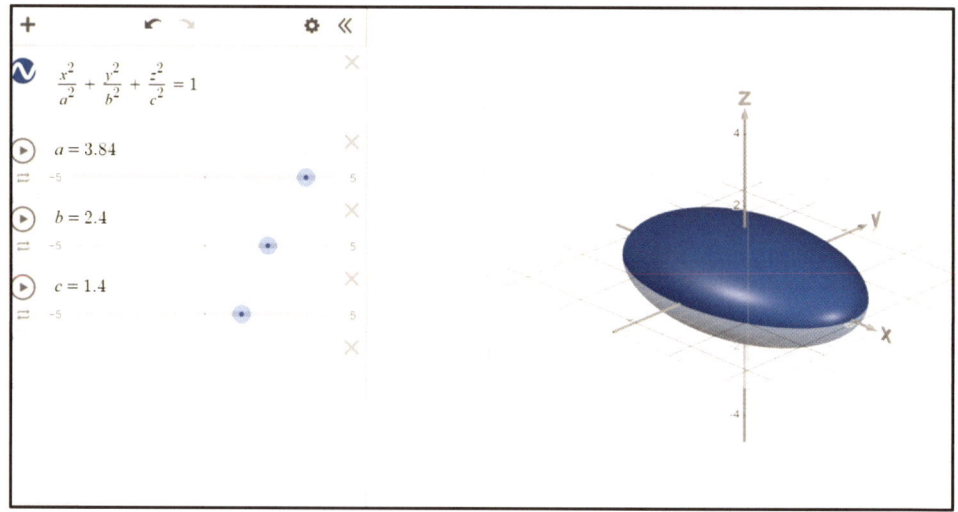

▲ 새롭게 추가된 3D 베타 버전

### (3) 동기유발

데스모스는 학생과 교사의 동기를 유발합니다.

첫째, 학생들이 수업에 직접 참여하여 능동적으로 지식을 생성하고 이를 눈으로 확인하며 새로운 수학적 개념 습득에 대한 강력한 동기를 부여합니다.

둘째, 교사가 평소에 머릿속으로 상상하였으나 매체와 물리적 한계로 구현할 수 없던 수업을 실현할 수 있습니다. 단순히 교과서에 있는 내용을 전달하는 것을 뛰어넘어 다양한 수업 구상에 대한 강한 동기를 가지게 하며 반복적인 수업에 대한 매너리즘을 극복할 수 있는 계기를 부여합니다. 프로그램을 탐구할수록 다양한 가능성을 발견하고 이를 수업에 적용하는 과정은 평소에는 느끼지 못했던 탐구 정신과 성취감을 교사에게 제공합니다.

### (4) 기록과 공유

이전까지는 직접 공개수업에 참관하거나 지도안을 작성하여 선생님들 간의 수업 경험을 공유하고 나누었습니다. 데스모스를 이용하여 수업을 공유할 때는 수업 내용, 주의사항 및 참고 사항, 수업 진행 과정까지 단 하나의 링크로 전달할 수 있습니다. 더 나아가 학생들의 반응과 수업 참여도 간단하게 공유할 수 있어 수업 교류가 활발해지는 장점이 있습니다. 수업 기록의 측면에서는 따로 저장하지 않아도 로그인만 되어있다면 수업이 영구적으로 남으며 학생들의 학습 참여도와 학습개념에 대한 이해도를 체계적으로 관리하고 학교생활기록부에 기록할 수 있어 편리합니다. 온라인 수업에서뿐만 아니라 오프라인 수업에서도 공학적 도구와 함께 이용하면 수업 기록과 학생들의 수업 보조 측면에서 큰 효과를 얻을 수 있습니다.

DESMOS 수업 사례 공유 카페
데스모스로 수학 수업 만들기
(https://cafe.naver.com/desmos)

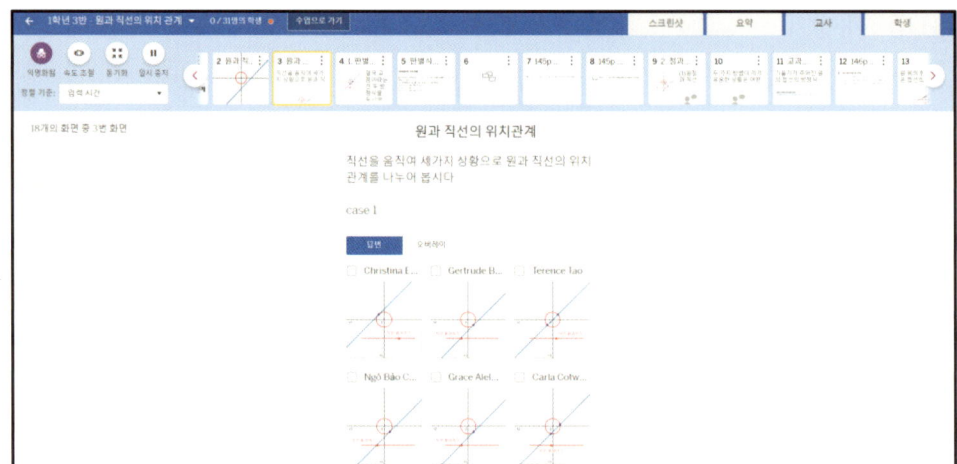

▲ 학생의 응답을 한눈에 확인하고 이후에 수업 과정과 학생들의 태도를 기록하는 데 큰 도움을 준다.

▲ 학생들 또한 친구들과 답변을 공유하며 자신의 풀이를 수정한다.

# 제 2장
# DESMOS 액티비티 만들기

## 03 사용하기 전 준비

### (1) 데스모스 접속하기

데스모스를 처음 접하는 경우 지금부터 설명하는 과정을 순서대로 따라하면 빠르게 프로그램을 익히는 데 도움이 될 것입니다. 일단 네이버 또는 구글에 DESMOS (desmos 또는 데스모스)를 검색하시면 나오는 최상단의 사이트를 클릭해주세요. (https://www.desmos.com)

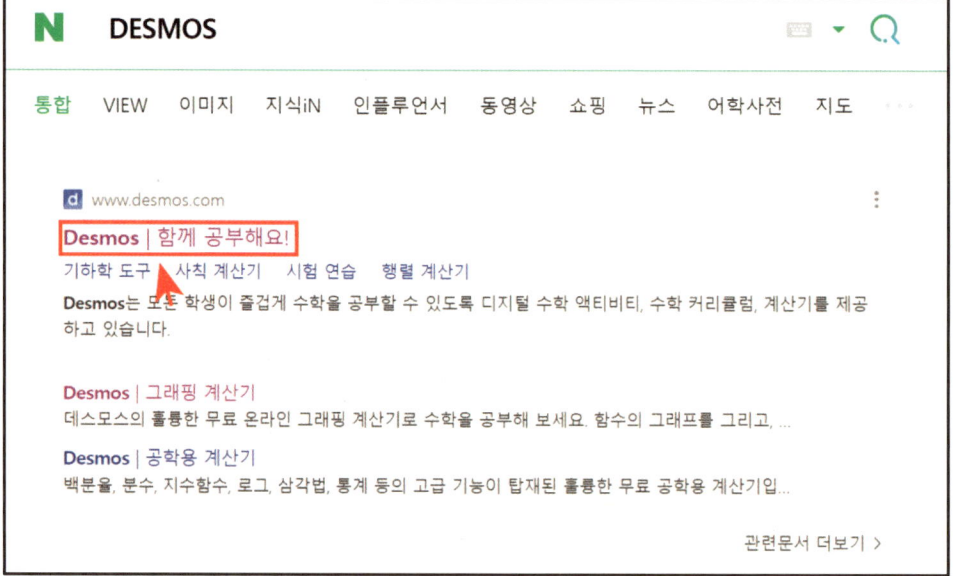

▲ 즐겨찾기에 등록하면 편하게 이용할 수 있습니다.

### (2) 로그인하기

만들었던 수업이나 그래프를 지속적으로 사용하기 위해서는 회원가입 및 로그인이 필수입니다. 오른쪽 이미지에서 빨간 사각형의 무료 회원가입을 통해 가입하면 됩니다. 구글로 연동하여 가입하면 편하게 사용할 수 있습니다. 로그인하고 교사 액티비티 탐색으로 들어갑니다.

▲ 그래핑 계산기(다양한 그래프를 그리고 저장할 수 있습니다)

(3) 실험실 기능 사용하기

우측 상단에 자신의 계정(이름)을 클릭한 뒤 Desmos Labs를 클릭하고 모든 기능들을 체크해 주세요. 추후에 수업에 활용할 수 있는 유용한 기능입니다.

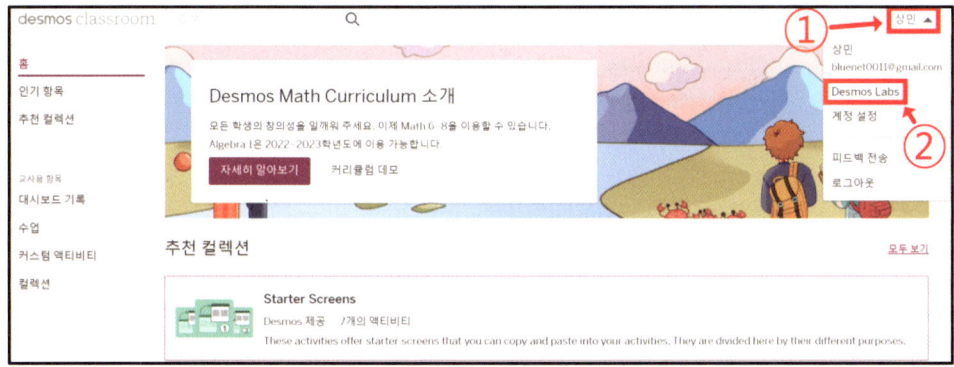

**(4) 교사 액티비티 탐색 안내**

교사 액티비티의 좌측에 있는 배너들은 다음과 같은 내용의 기능을 하고 있습니다. 각 기능을 적절하게 사용하여 수업 내용을 편리하게 수정하고 정리할 수 있습니다.

① 홈(인기 항목, 추천 컬렉션)

데스모스 측에서 제공하는 수업 자료입니다. 검색이 가능하며 현지화 팀에 의해 번역된 자료들 일부와 대부분의 영어 자료로 이루어져 있습니다. 대부분 스크립트를 사용하여 신기한 기능들을 포함하고 있습니다. 수업을 클릭하여

(ⅰ) 액티비티를 자신의 컬렉션에 추가하거나

(ⅱ) 복사 및 편집할 수 있습니다.

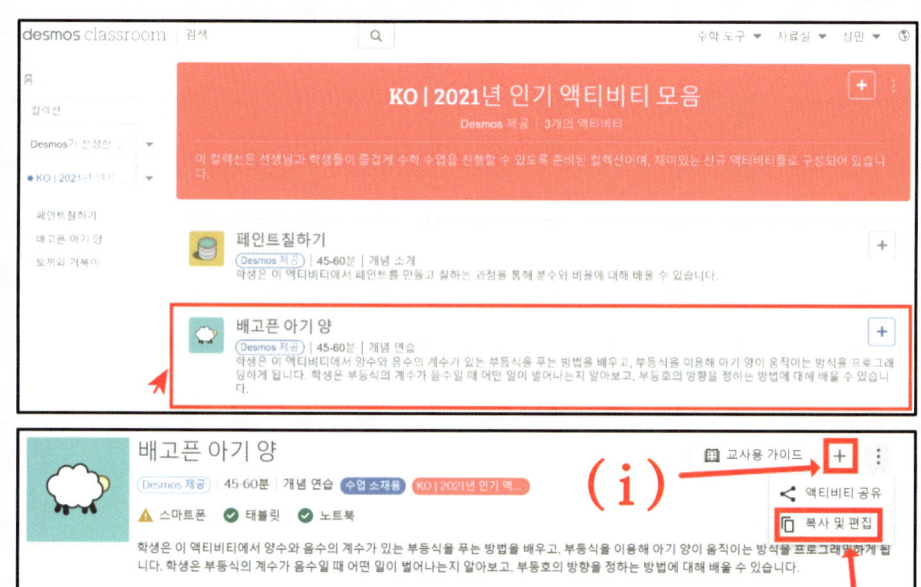

② **대시보드 기록**

   대시보드 기록에는 학생들과의 수업 활동이 기록되어 남습니다. 학생들의 활동을 통해 학교생활기록부를 작성하거나 수행평가로 활용할 수 있습니다. 우측 '대시보드'를 클릭하면 확인할 수 있습니다.

③ **수업**

   정기적으로 데스모스를 사용하여 수업할 경우 자주 사용되는 기능으로 수업 목록을 직접 추가하거나 구글 클래스룸과 연동할 수 있습니다. 매 수업 학생들이 초대 링크나 코드를 통해 수업에 입장하는 것이 아니라 하나의 교실을 만들어 학생들이 로그인하여 수업에 들어올 때 사용됩니다.

④ 커스텀 액티비티

새 액티비티를 직접 제작하거나 다른 수업을 복사하여 편집할 수 있습니다. 액티비티를 클릭하면 학생들을 수업에 배정하거나 초대 링크를 생성할 수 있습니다.

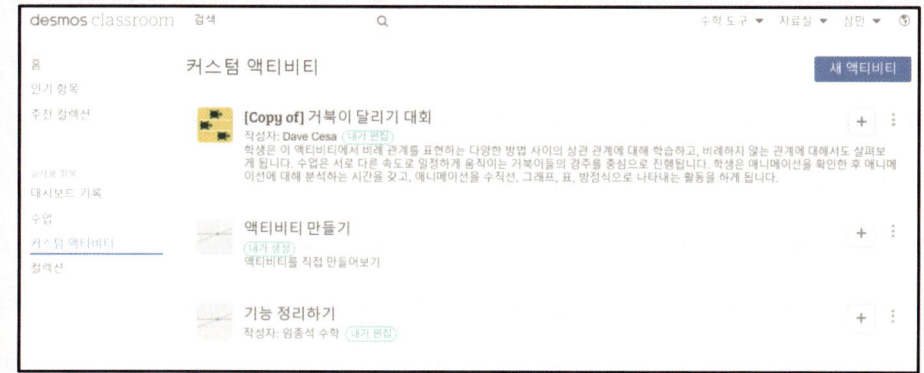

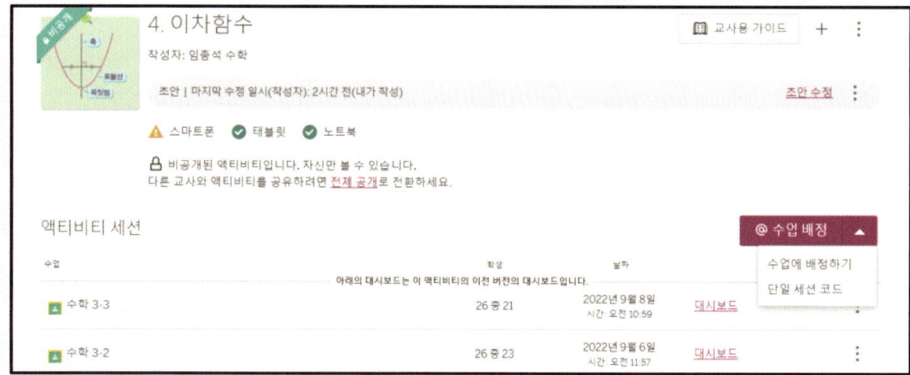

⑤ 컬렉션

완성된 수업을 카테고리별로 보관하거나 다른 선생님의 수업 컬렉션을 공유받아 저장하는 곳입니다. 많은 수업을 공유하거나 항목별로 저장할 때 사용합니다.

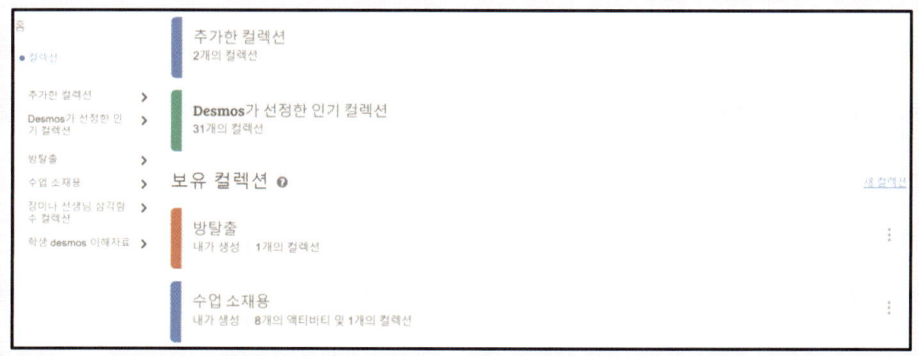

## 04 새 액티비티 제작

커스텀 액티비티에서 새 액티비티를 누르고 액티비티 제목과, 링크 공유 여부, 액티비티 설명을 작성하여 새 액티비티를 생성합니다.

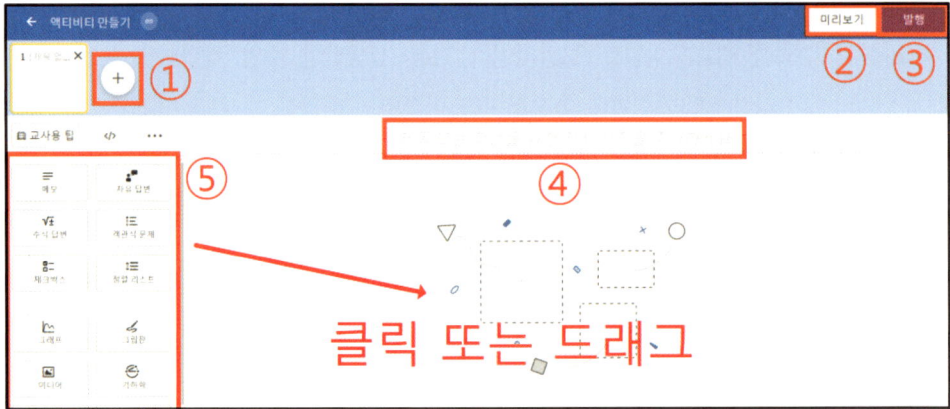

① **수업 장면 추가**

수업 장면을 작게 나열하여 보는 곳으로 더하기 버튼을 통해 수업 장면들을 추가할 수 있습니다. 화면 별로 Ctrl+C로 복사, Ctrl+V로 붙여넣기, Delete로 제거, 드래그로 순서 변경이 가능합니다.

② **미리 보기**

학생들에게 보여지는 수업의 모습을 미리 볼 수 있습니다.

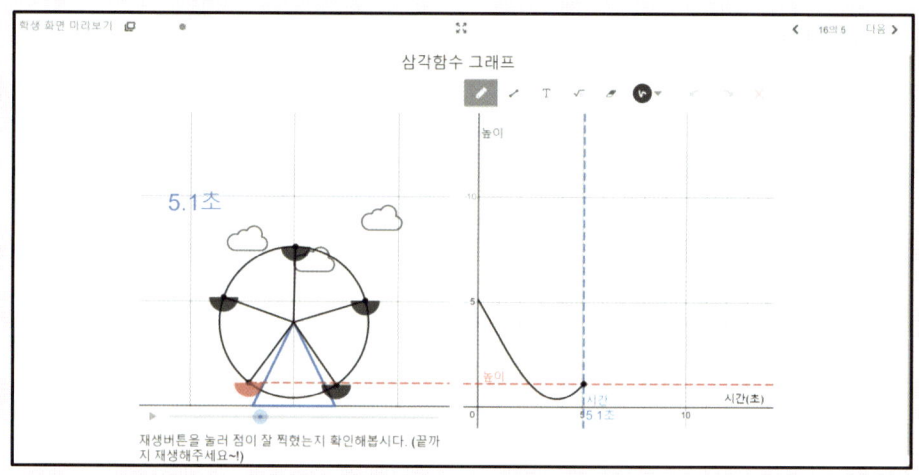

③ **발행**

수업을 발행하고 저장합니다. 발행한 수업은 커스텀 액티비티에 저장됩니다.

④ **제목**

수업 시 화면 별로 최상단에 보이는 문구입니다.

⑤ **구성요소 추가**

클릭 또는 드래그를 통해 구성요소를 추가할 수 있습니다.

다양한 구성요소들을 배치하여 학생들에게 보이는 수업 장면을 구성합니다. 선생님의 아이디어에 따라 다양한 용도의 수업을 구성할 수 있습니다. 이제부터 각 구성요소의 기능과 사용 방법에 대해 알아보겠습니다.

① **메모**

학생에게 보여주기 위한 텍스트나 수식을 입력하는 메모를 생성합니다.

② **자유 답변**

학생이 텍스트, 이미지, 음성, 수식 등을 입력할 수 있는 자유 답변을 생성합니다.

③ **수식 답변**

학생이 수식을 입력할 수 있는 수식 답변을 생성합니다.

④ **객관식 문제**

하나의 정답을 고르는 객관식 문제를 생성합니다.

⑤ **체크박스**

여러 개의 정답을 고르는 체크박스를 생성합니다.

⑥ **정렬 리스트**

텍스트, 수식, 이미지, 그래프 등의 순서를 맞추는 정렬 리스트를 생성합니다.

⑦ **그래프**

학생에게 보여주기 위한 그래프를 그릴 수 있는 그래프를 생성합니다.

#### ⑧ 그림판
학생이 그릴 수 있는 그림판을 생성합니다. 배경을 그래프 또는 이미지로 설정할 수 있습니다.

#### ⑨ 미디어
학생에게 보여주기 위한 이미지, 동영상을 업로드할 수 있는 미디어를 생성합니다.

#### ⑩ 기하학
다양한 도형을 그리거나 작도하는 기하학 도구를 생성합니다.

#### ⑪ 표
표를 생성합니다. 미리 값을 채우거나 학생이 채우도록 할 수 있습니다.

#### ⑫ 행동 버튼
특정 동작을 위한 행동 버튼을 생성합니다.

#### ⑬ 교사용 팁
교사 참고 사항, 문제에 대한 예시 답변, 학생들에게 힌트를 제시할 학생 도움말을 작성합니다. 추후에 지도안을 인쇄하면 해당 내용들이 출력되어 나옵니다.

## 05 각 구성요소 알아보기

### (1) 메모 (memo)
학생들에게 텍스트를 보여주기 위한 구성요소입니다.

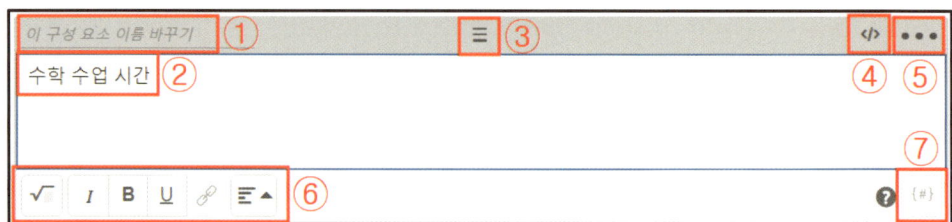

① 구성 요소의 이름을 적는 곳입니다. 영어와 숫자만 입력 가능하며 스크립트를 사용하지 않는 경우 굳이 적어줄 필요는 없습니다. 모든 구성요소는 추후에 스크립트를 통해 다른 구성요소와 상호작용할 수 있습니다. (스크립트 사용법은 2장에서 다루도록 하겠습니다) 이 책에서는 혼란을 피하고자 구성요소의 이름을 괄호안에 있는 이름으로 통일하도록 하겠습니다. 예를 들어 메모는 memo로 통일하도록 하겠습니다.

1. 메모 (memo)

② 적힌 내용이 학생들에게 노출 됩니다.
③ 드래그를 통해 구성요소의 위치를 정할 수 있습니다.
④ 스크립트를 적는 곳입니다. 스크립트를 통해 다양한 상호작용을 할 수 있습니다. 자세한 내용은 2장에서 다루도록 하겠습니다.
⑤ 클릭하여 구성요소를 삭제할 수 있습니다.
⑥ 왼쪽부터 차례대로 수식입력기, 글씨 기울이기, 글씨 두껍게, 글씨 밑줄, 글씨 링크 연결, 글 정렬입니다. 수식입력기의 경우 키보드 1 왼쪽에 있는 억음부호 ` 를 단축키로 하여 사용할 수 있습니다.
⑦ 메모에 변수를 집어넣을 수 있습니다. 이 값은 스크립트에서 정의가 되어야 하며 상호작용에 따라 변하는 값이 학생들에게 노출 됩니다. 이 또한 3장에서 다루도록 하겠습니다.

## (2) 자유 답변 (free)

학생들이 수업에서 자유롭게 응답할 수 있는 구성요소입니다.

[교사 화면]

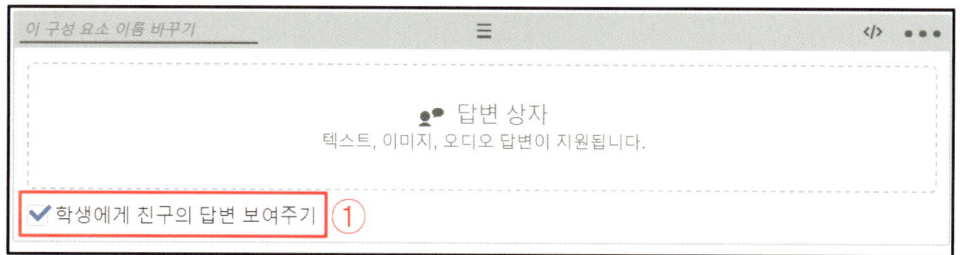

[학생 화면]

① 학생들이 답변을 제출하였을 때 다른 친구들 세 명의 답변을 보고 자신의 답변을 검토할 수 있습니다.
② 이미지, 음성, 수식을 입력할 수 있습니다.
③ 입력한 답변을 공유하거나 제출합니다. 제출한 답변은 선생님의 수업화면에서 보이게 됩니다.

## (3) 수식 답변 (math)

학생들이 수업에서 자유롭게 응답할 수 있는 구성요소입니다. 수식만 입력 가능합니다. 수식이 들어간 응답을 하는 경우에 사용되며 수식 입력기가 포함되어있습니다.

[교사 화면]

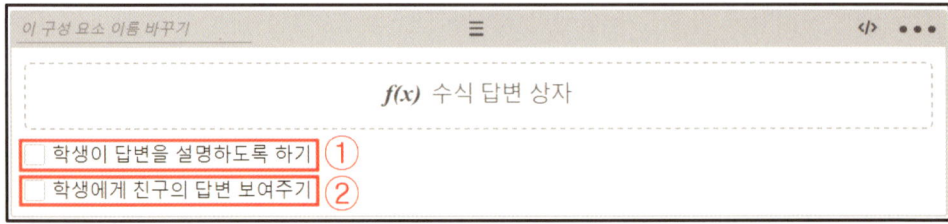

[학생 화면]

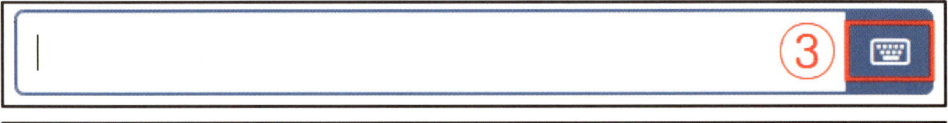

① 학생들이 자신이 제출한 답변의 이유를 설명하도록 합니다. 설명은 교사에게 전달됩니다.

② 학생들이 답변을 제출하였을 때 다른 친구들 세 명의 답변을 보고 자신의 답변을 검토할 수 있습니다.

③ 수식 입력창을 사용합니다. 클릭 시 위와 같이 수식 입력창이 학생들에게 제공되어 손쉽게 수식을 입력할 수 있습니다.

### (4) 객관식 답변 (select)

학생들에게 객관식 문제를 낼 수 있습니다. 각 선지에는 수식뿐 아니라 그래프나 이미지까지 입력 가능합니다.

[교사 화면]

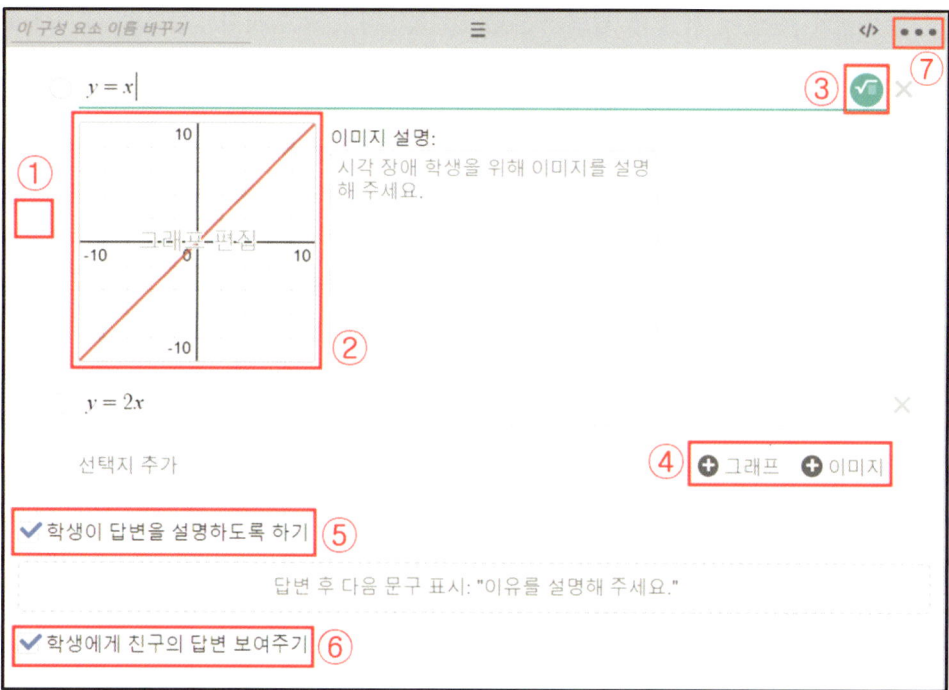

[학생 화면]

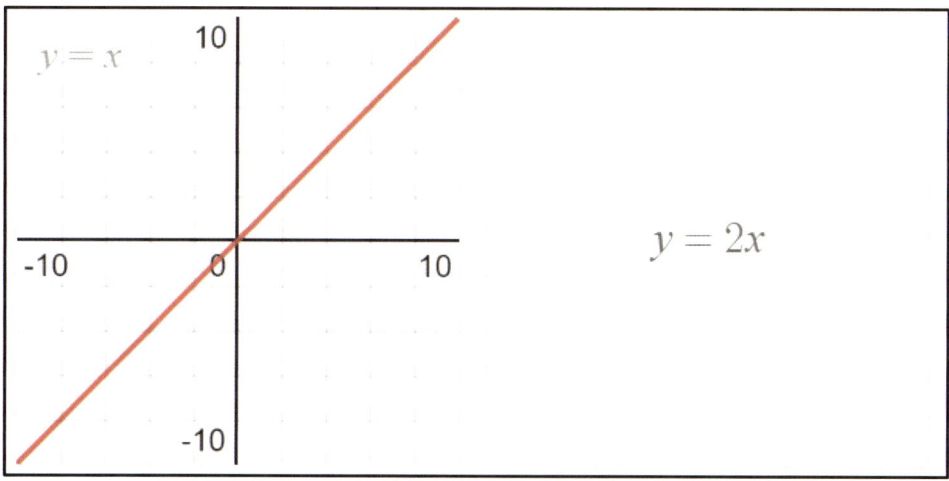

① 드래그를 통해 선지 순서를 바꿀 수 있습니다.
② 그래프를 클릭하여 편집이 가능합니다.
③ 수식을 입력합니다.
④ 다음 선지에 그래프나 이미지를 추가합니다.
⑤ 학생들이 자신이 제출한 답변의 이유를 설명하도록 합니다. 설명은 교사에게 전달됩니다.
⑥ 학생들이 답변을 제출하였을 때 다른 친구들 세 명의 답변을 보고 자신의 답변을 검토할 수 있습니다.
⑦ 그래프 버튼의 모양이나 선택지를 무작위 순서로 설정 가능합니다.
⑧ 아래와 같이 정답을 체크하면 학생들이 활동 중에 자신이 정답을 맞추었는지 확인이 가능하며 교사 또한 학생들이 활동을 잘하고 있는지 확인할 수 있습니다.

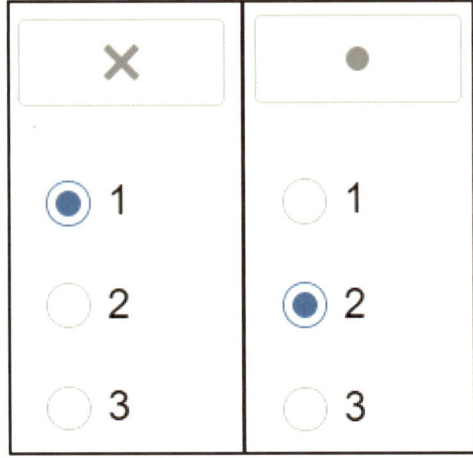

(5) **체크박스 (check)**
 학생들이 여러 항목을 선택할 수 있습니다. 중복 선택이 가능한 객관식 문제라고 보시면 편합니다.

[교사 화면]

[학생 화면]

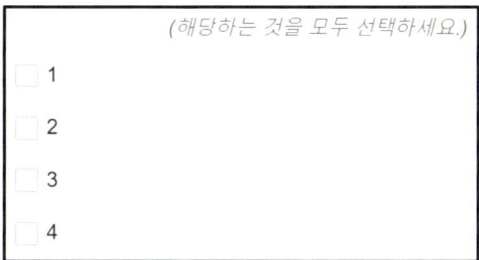

① 정답을 입력하여 학생들이 스스로 정답 여부를 확인하고 교사 또한 피드백을 받을 수 있습니다.

**(6) 정렬 리스트 (order)**

학생들이 여러 항목을 순서에 맞게 정렬할 수 있습니다. 순서가 중요한 개념을 다룰 때 사용됩니다. 아쉽게도 이미지나 그래프를 지원하지 않습니다.

[교사 화면]

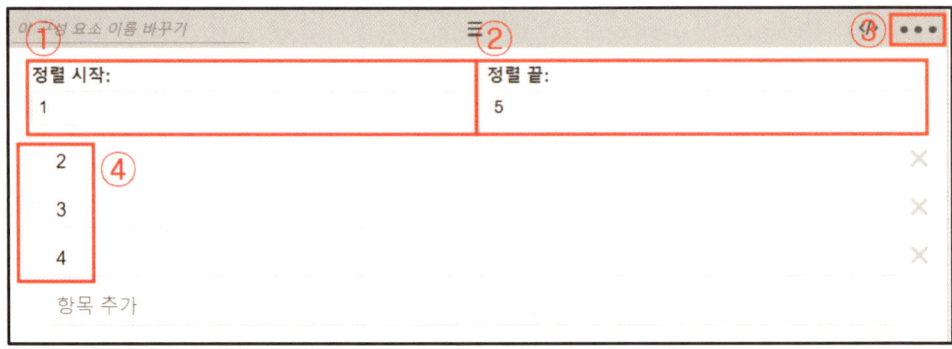

① 정렬 내용에 시작 내용을 편집할 수 있습니다.
② 정렬 내용의 마지막 내용을 편집할 수 있습니다.
③ 정렬 리스트를 순서 맞추기 문제로 설정하거나 리스트의 순서를 랜덤으로 보이게 설정할 수 있습니다.

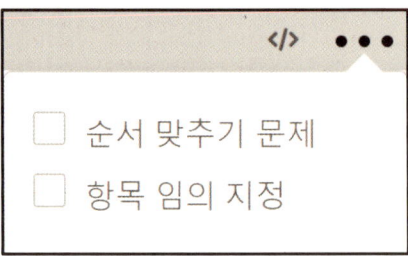

④ 정렬할 내용을 편집할 수 있습니다.

(7) 그래프 (graph)
　그래프의 경우 가장 많이 사용되며 사용 범용성이 뛰어난 항목입니다. 학생들이 그래프의 모양을 관찰하거나 변화하는 상황을 확인할 수 있습니다. 그래프 편집창에서 각 항목별 사용법을 알려드리도록 하겠습니다.

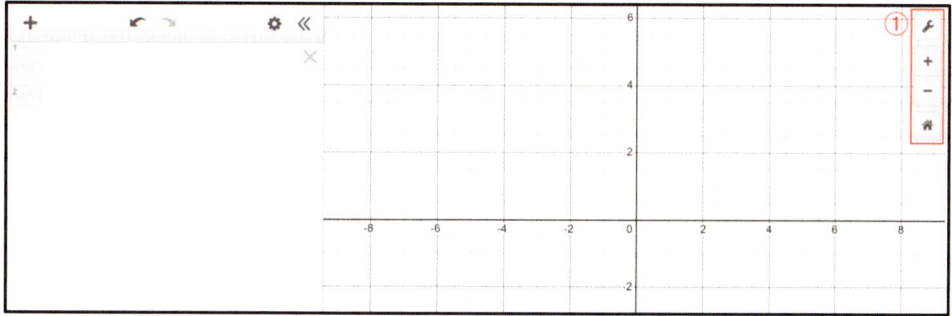

① 화면 설정, 화면의 확대 축소, 기본 뷰트를 설정합니다.
　화면 설정에서는 글자의 크기, 다크모드, 점자모드, 눈금, $x$축, $y$축 등을 설정 할 수 있습니다. 레이블과 간격을 통해 축의 이름을 부여하거나 보이는 간격을 설정 할 수 있습니다.

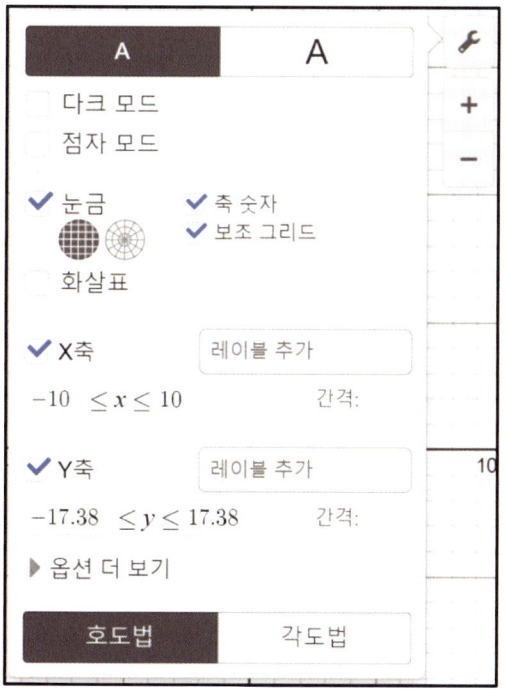

그래프 편집창의 왼쪽 영역에 대해 더 자세히 설명하겠습니다.

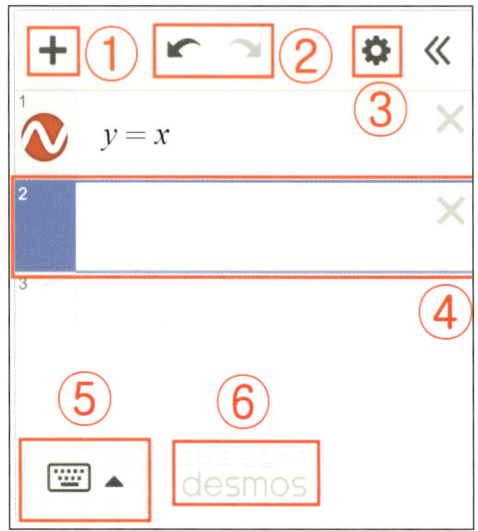

① 항목을 추가합니다.

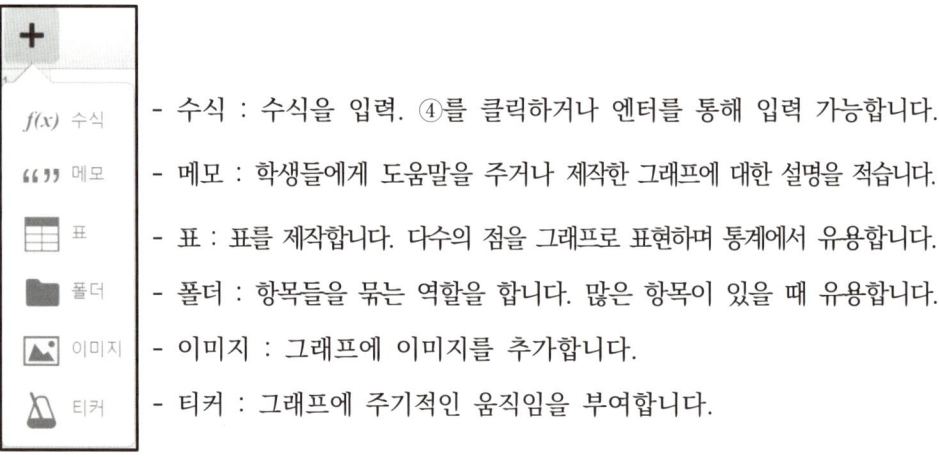

- 수식 : 수식을 입력. ④를 클릭하거나 엔터를 통해 입력 가능합니다.
- 메모 : 학생들에게 도움말을 주거나 제작한 그래프에 대한 설명을 적습니다.
- 표 : 표를 제작합니다. 다수의 점을 그래프로 표현하며 통계에서 유용합니다.
- 폴더 : 항목들을 묶는 역할을 합니다. 많은 항목이 있을 때 유용합니다.
- 이미지 : 그래프에 이미지를 추가합니다.
- 티커 : 그래프에 주기적인 움직임을 부여합니다.

② 되돌리기, 다시실행 버튼
③ 각 항목들을 수정합니다.
  (편집 잠금, 복사, 점 편집, 그래프 편집 등)
④ 수식 및 명령어 입력란
⑤ 수식 입력창 버튼
⑥ 그래프 계산기로 복사 (저장하여 반복사용)

다음은 ③~④에 대한 추가 설명입니다.

③ 항목 수정
  ⅰ) 항목 수정 기능

항목 수정에는 표로 만들기, 잠그기(수정 불가), 복사하기, 삭제 기능이 있습니다.

  ⅱ) 항목 서식 변경
톱니바퀴 클릭 후 수식 왼쪽 색이 있는 원을 클릭할 시 항목에 대한 디자인과 움직임을 설정할 수 있습니다. (또는 원을 길게 클릭하여 설정 가능합니다)

| 간단한 수식 | | | |
|---|---|---|---|
| 수식 | 입력어 | 수식 | 입력어 |
| ≤ | <= | π | pi |
| ≥ | >= | θ | theta |
| ∫ | int | → | -> |
| √ | sqrt | round(a,1) | a를 1의 자리에서 반올림 |
| ∑ | sum | A.x | A 점의 x 좌표값 |

④ 수식 및 명령어 입력란
  ⅰ) 점 그리기

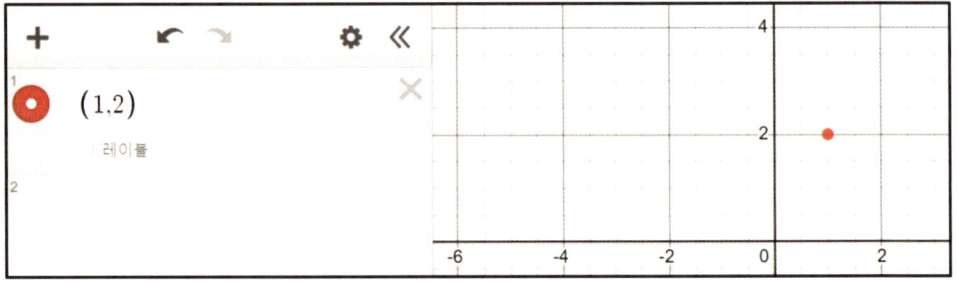

$(1, 2)$와 같이 좌표를 입력하면 생성됩니다.

또는 $A = (1, 2)$와 같이 점의 이름을 부여하여 반복적으로 같은 점을 사용할 때, 문자로 대신하여 사용 가능합니다.

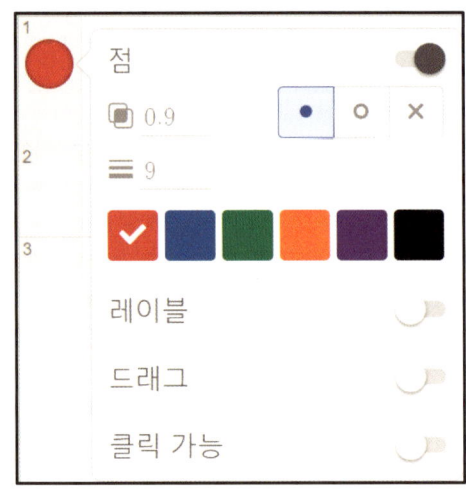

설정에서 투명도, 두께, 모양, 색, 레이블 크기와 위치, 드래그와 클릭 가능 여부 설정 가능합니다.

- 점의 좌표 좌측에 색칠된 원을 클릭하면 원을 보이지 않게 설정할 수 있습니다.
- 드래그 가능 여부를 체크하면 학생들이 화면에서 점을 움직일 수 있습니다.
- 클릭 가능 여부를 체크하면 점을 클릭하였을 때 특정 명령을 실행하도록 할 수 있습니다.

ii) 그래프 그리기

$y = x$ 와 같이 수식을 입력하면 그래프 생성 (⑤ 수식 창 이용 가능)

(설정에서 투명도, 두께, 선 디자인, 색, 클릭 가능 여부 설정 가능)

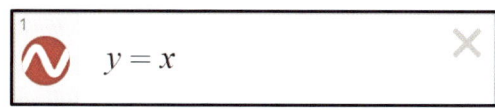

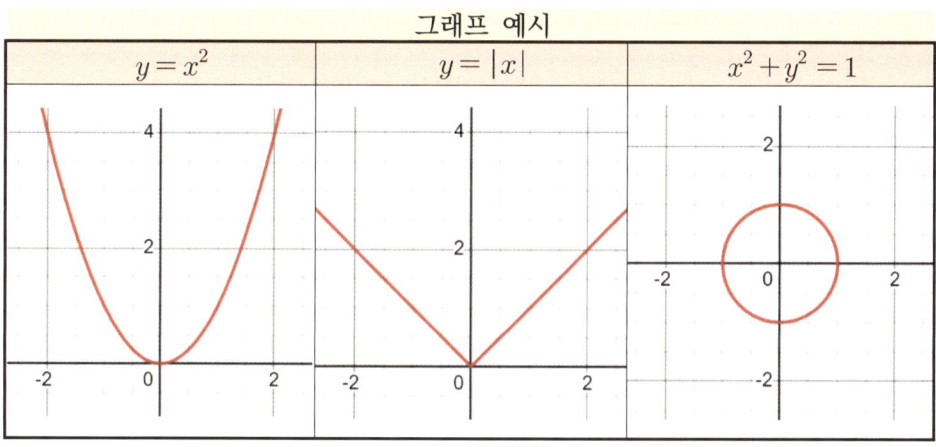

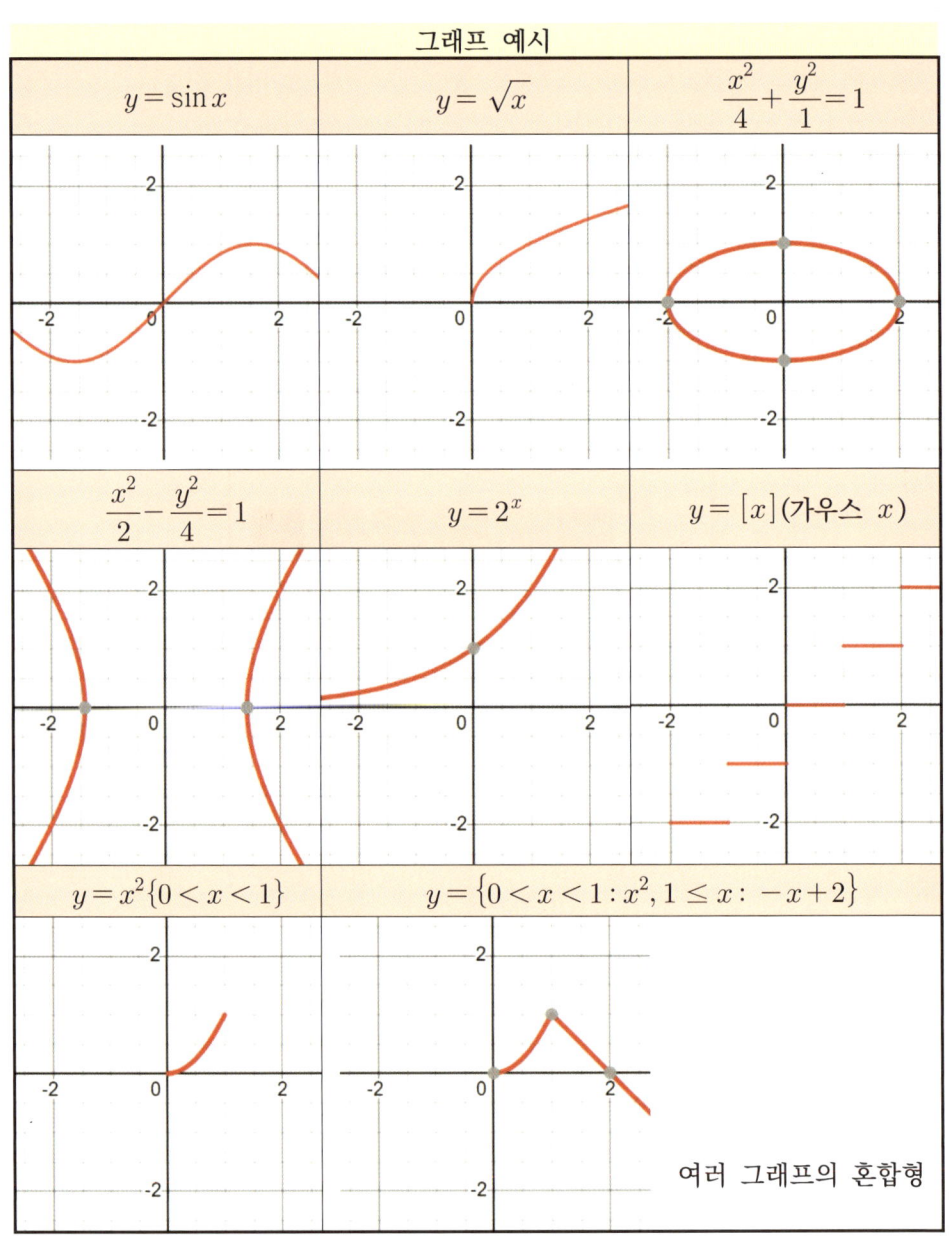

iii) 변수 설정하기

$a=2$ 와 같이 문자를 정의하거나 문자가 포함된 $y=ax$ 같은 식을 생성하면 슬라이더 추가 버튼이 생기며 변수 생성 가능합니다. 재생 버튼을 통해 움직임을 줄 수 있습니다.

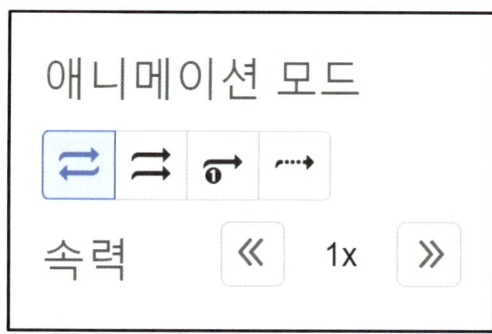

(설정에서 변수의 범위와 간격, 재생 방법, 재생 속도를 설정 가능)

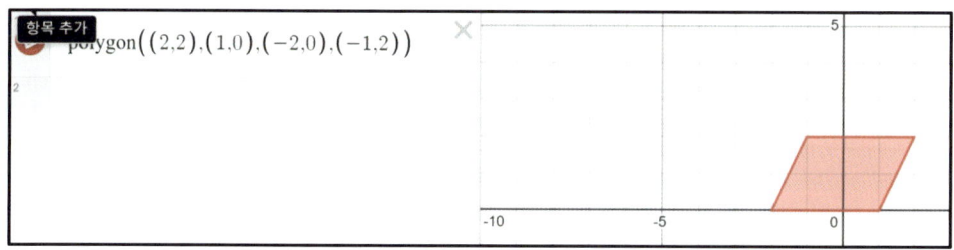

(왼쪽부터 구간 왕복 재생, 구간 반복 재생, 구간 단일 재생, 무한 재생)

iv) 도형 그리기(다각형)

polygon((2,2),(1,0),(-2,0),(-1,2))와 같이 입력하면 각 점을 꼭짓점으로 하는 도형 제작가능합니다. 이때 점을 시계, 또는 반시계 방향으로 순서대로 적어야 도형이 바르게 그려집니다. (점을 따로 문자로 정의한 뒤 입력도 가능합니다.)

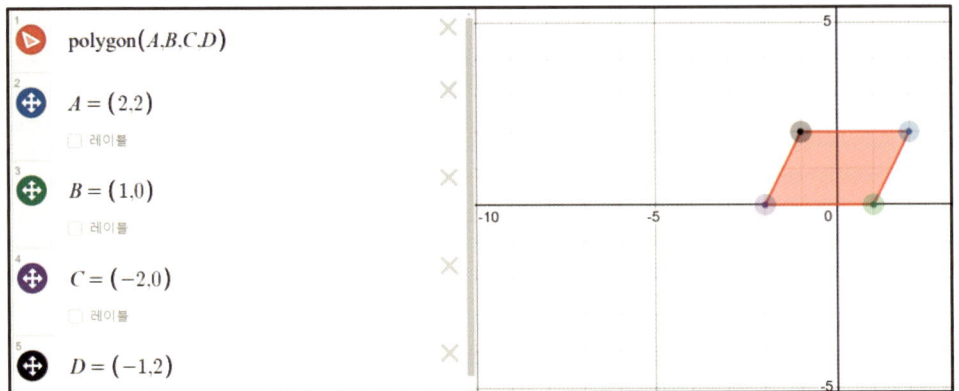

(설정에서 투명도, 테두리 두께, 선 디자인. 색, 채우기, 클릭 가능 여부 설정 가능)

v) 도형 그리기(원)

$x^2+y^2\leq 4$와 같이 부등호를 사용하여 입력하면 원과 그 내부영역을 표현할 수 있습니다. ($\leq$ 는 <, = 기호를 순서대로 입력하여 입력할 수 있습니다.)

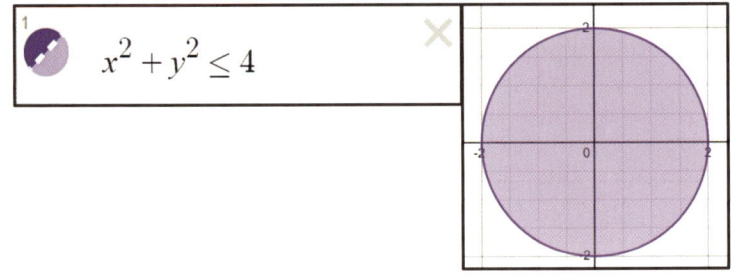

**레이블**

점의 이름을 나타내는 기능

(입력하면 텍스트 자체가 화면에 보이게 됩니다.)

- 수식으로 나타내고 싶을 때 : `f(x)=x^2` 과 같이 ``로 감싸주면 일반 서체에서 수식서체로 바뀌어 나타납니다.

(`은 1왼쪽에 있는 억음 부호 버튼, 작은 따옴표가 아닙니다!)

(수식창이 사용 불가능하지만 수식을 다른 곳에 입력해서 적고 복사 붙여넣기 하시면 편합니다.)

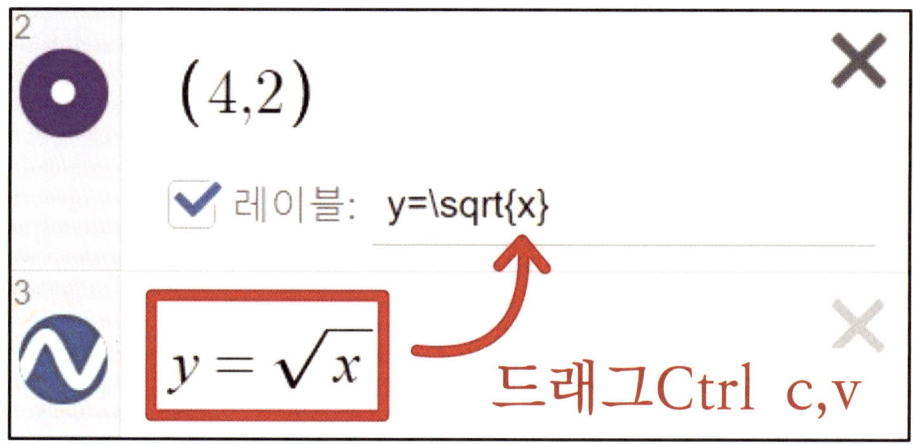

- 움직이는 변수를 표현하고 싶을 때 : ${a}라 적으면 a의 값이 그래프에 나타난다.

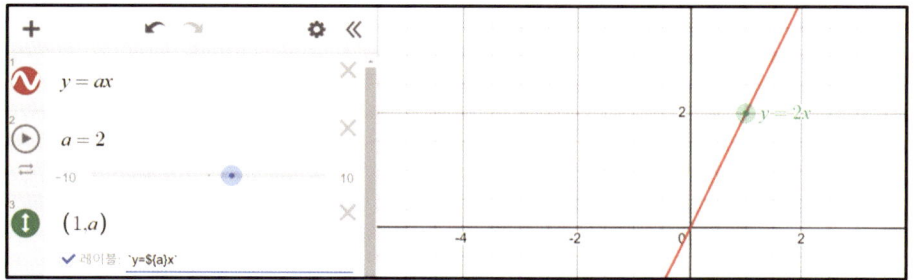

$a$의 값이 변함에 따라 점$(1,a)$의 위치에 레이블 $y=ax$가 표시된다. 예를들어 $a=3$일 경우 $(1,3)$ 위치에 $y=3x$ 레이블이 표시된다.

(8) 그림판 (sketch)

 학생들이 필기를 하거나 문제를 푸는 과정을 직접 그려 표현할 수 있습니다. 학생들의 다양한 답변을 수업에 활용할 수 있으며 풀이를 개선할 수 있습니다.

[교사 화면]

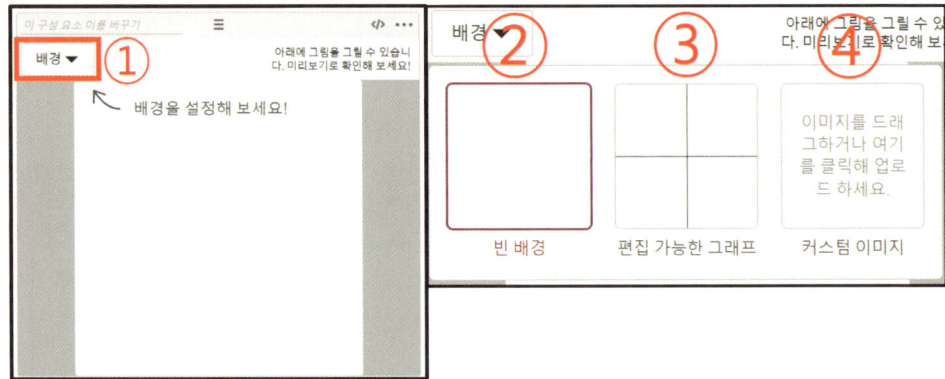

① 배경을 설정할 수 있습니다.
② 흰 배경에 그릴 수 있습니다.
③ 그래프를 설정하여 그래프를 배경으로 그릴 수 있습니다. 특정 그래프 위에 그림을 그려야 하는 경우 유용합니다.
④ 특정 이미지를 배경으로 하여 그릴 수 있습니다. 특정 이미지 위에 그림을 그려야 하는 경우 유용합니다. (예 : 공의 궤적을 그려봅시다)

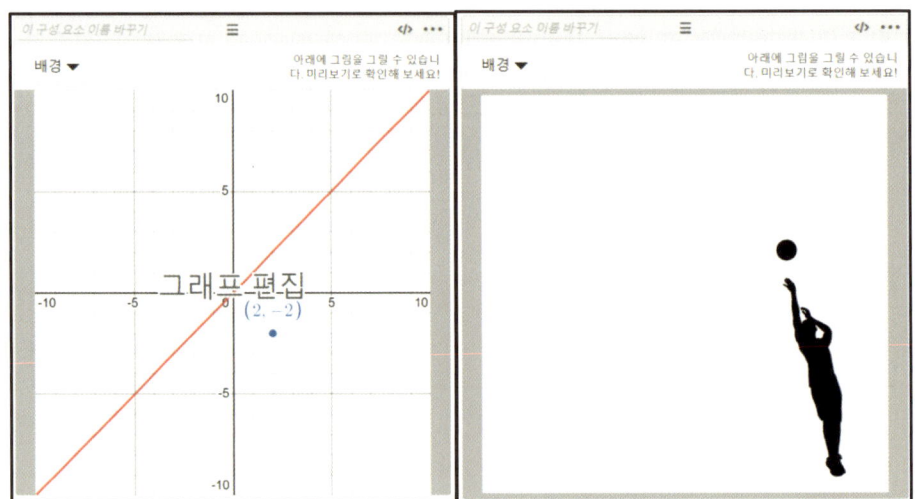

[학생 화면]

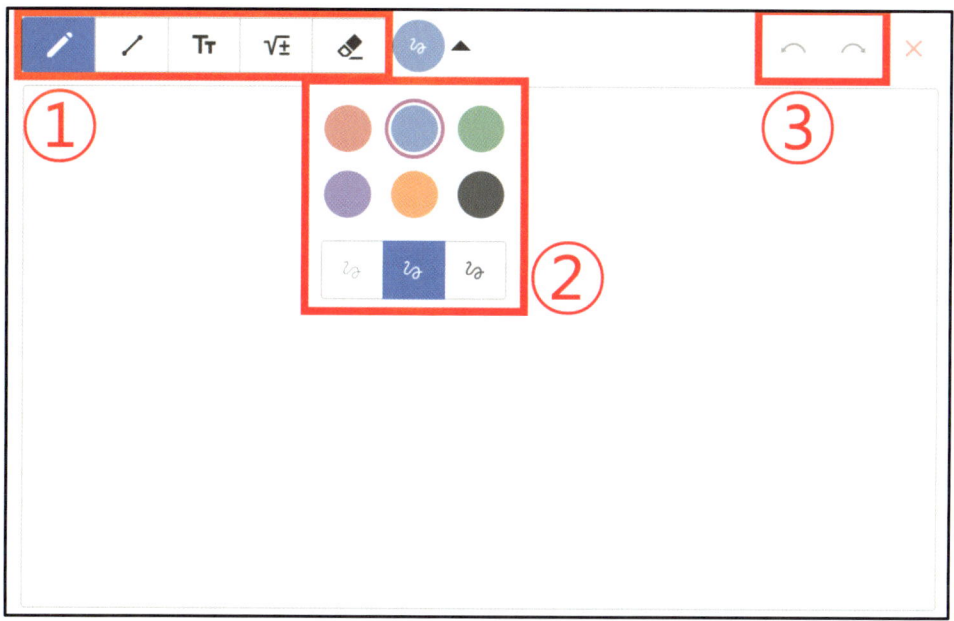

① 왼쪽부터 펜, 직선 그리기, 텍스트 입력, 수식입력, 지우개 기능입니다.
② 펜의 색과 두께를 조절할 수 있습니다.
③ 행동을 되돌리거나 다시 앞으로 갈 수 있습니다.

(9) **미디어 (media)**
 학생들이 참고할 수 있는 이미지 또는 동영상을 업로드 할 수 있습니다.

(10) **기하학**

 도형을 그리거나 학생들이 직접 도형을 움직이며 관찰할 때 사용됩니다. 평행이동이나 대칭이동을 하는 경우와 작도 수업을 하는 경우에 유용합니다.

(11) **표**

 변수 사이의 관계를 보거나 여러 수를 시각화하기 유용합니다.

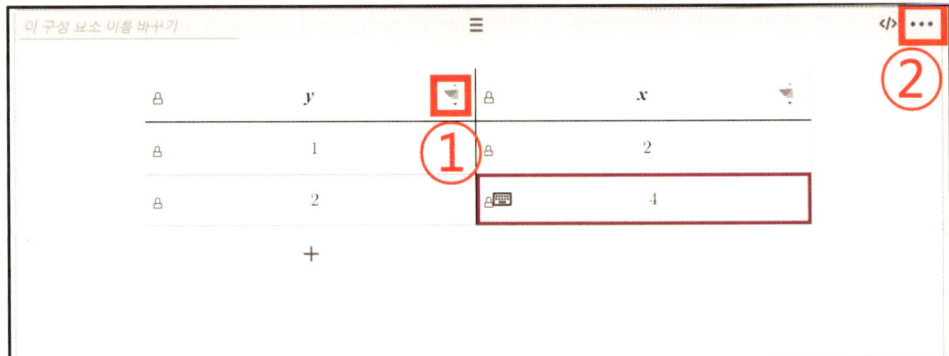

① 열을 추가 또는 삭제하고 수식 또는 텍스트를 입력할 수 있도록 설정합니다.
② 표의 헤더를 조정하거나 교사가 숫자를 입력한 셀을 잠글 수 있으며 학생이 표의 행을 추가하도록 설정할 수 있습니다.

① ②

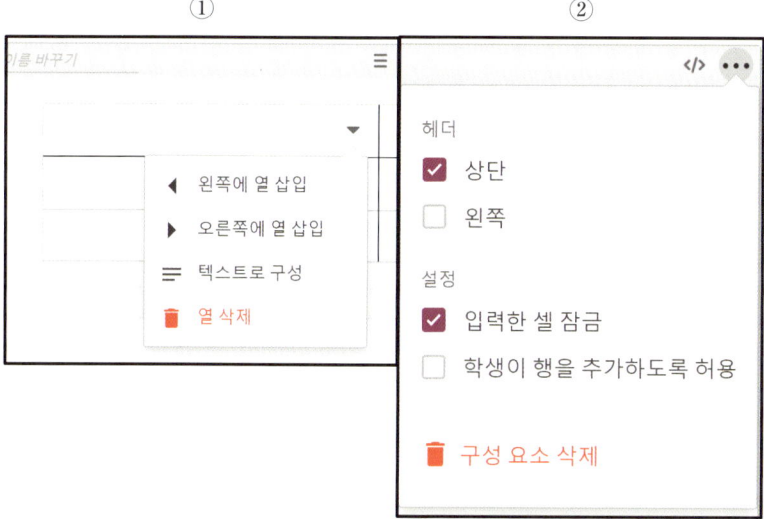

(12) 행동버튼

 행동버튼의 경우 단순히 수업에 추가하여 사용하기에는 어려우며 명령어를 통해 버튼의 작동을 설정해주어야 사용가능합니다. 2부에서 행동버튼의 사용법에 대해 안내해드리도록 하겠습니다.

(13) 교사용 팁

교사가 참고할 교사 참고 사항, 학생들에게 문제에 대한 예시 답변, 학생들에게 힌트를 제시할 학생 도움말을 작성합니다. 추후에 지도안을 인쇄하면 해당 내용들이 출력되어 나옵니다.

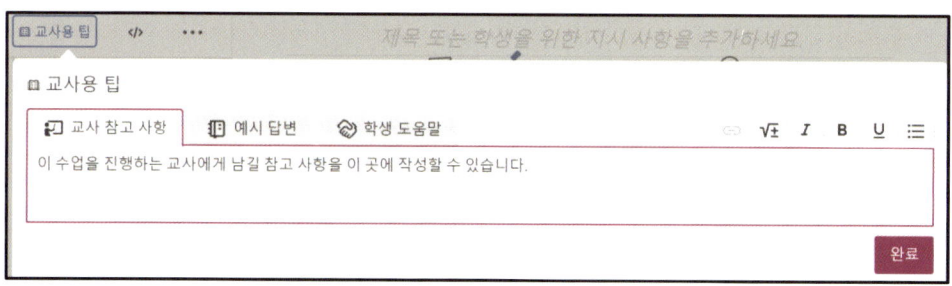

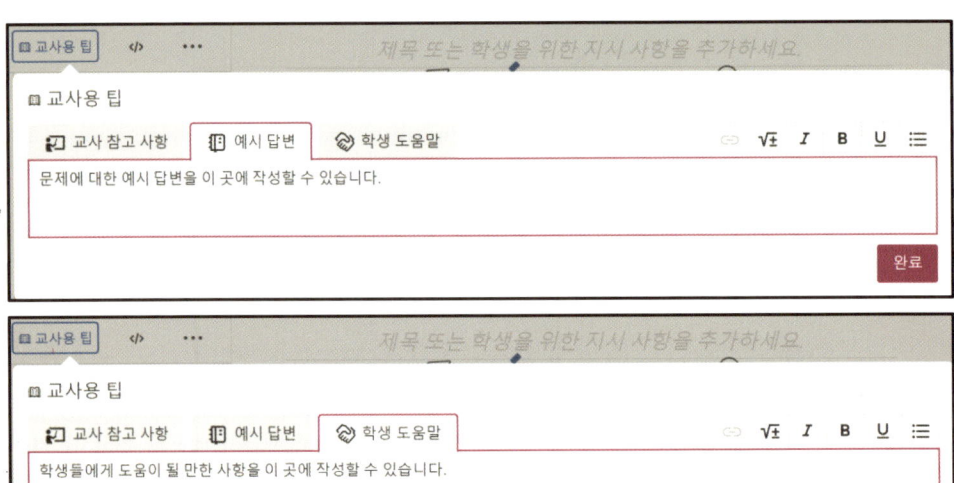

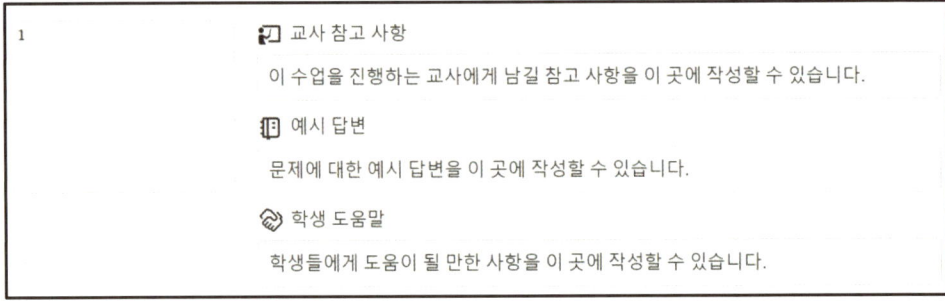

지도안 출력 시 슬라이드별로 교사 참고 사항, 예시 답변, 학생 도움말이 다음과 같이 출력됩니다.

## 전체 화면 구성요소

(1) 그래핑 계산기

학생들이 직접 함수식을 입력하여 그래프를 관찰할 수 있습니다.

(2) **구슬 굴리기**
　학생들이 중력의 영향을 받는 구슬이 구르면서 모든 별을 먹을 수 있도록 직접 그래프를 그리는 게임 활동입니다. 학생들이 그래프의 개형을 이해하고 각 계수들의 변화에 따른 그래프의 변화를 관찰하기에 매우 좋은 활동입니다.

[교사 화면]

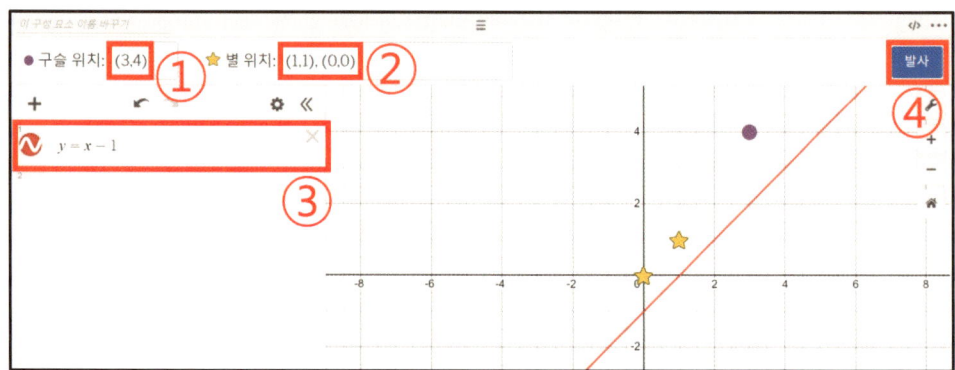

① 구슬이 떨어지는 지점을 좌표로 입력합니다.
② 별의 위치를 좌표로 입력합니다. 콤마 (,)를 사용하여 여러개의 점을 입력 가능합니다.
③ 교사가 그래프를 추가합니다. 학생들이 그래프를 그리기 전 교사가 그래프를 추가하여 상황을 변화시킬 수 있습니다.
④ 버튼을 눌러 미리 테스트 할 수 있습니다. 구슬이 중력에 영향을 받아 아래로 구르며 그래프를 따라 움직입니다. 별을 모두 지나치면 성공입니다.

[학생 화면]

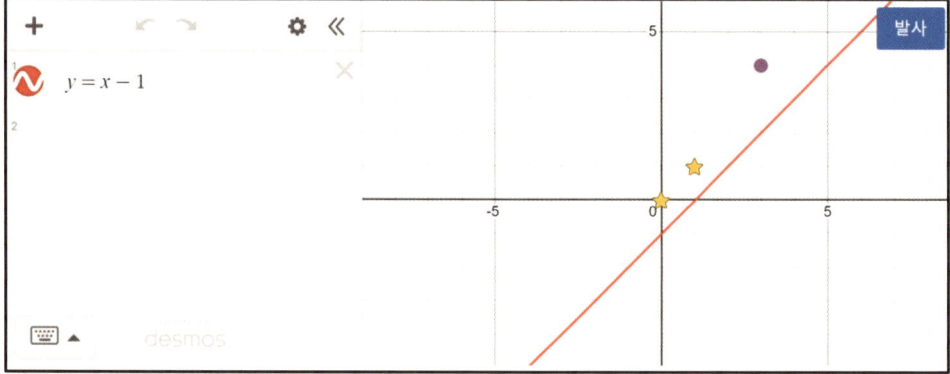

　학생들은 그래프를 직접 입력하여 구슬이 별을 지나갈 수 있도록 조정합니다.

(3) 카드 정렬

학생들이 같은 카드끼리 또는 관련 있는 카드끼리 묶는 활동입니다.

[교사 화면]

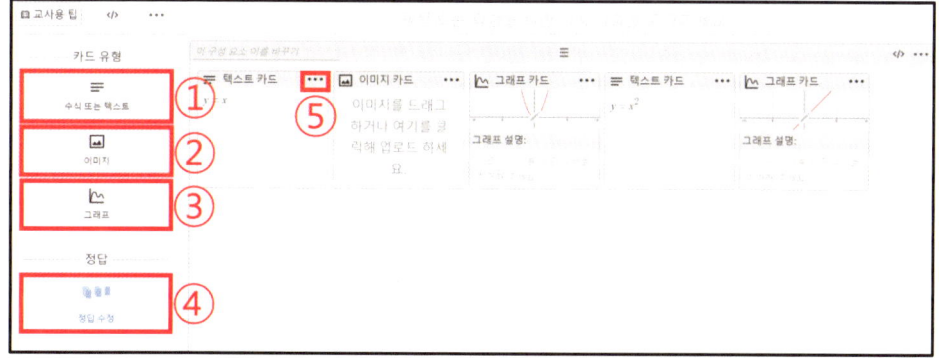

① 수식 또는 텍스트 카드를 만들 수 있습니다.
② 이미지 카드를 만들 수 있습니다.
③ 그래프 카드를 만들 수 있습니다.
④ 정답을 미리 입력하고 학생들이 정답을 맞추면 교사화면에서 확인 가능합니다.

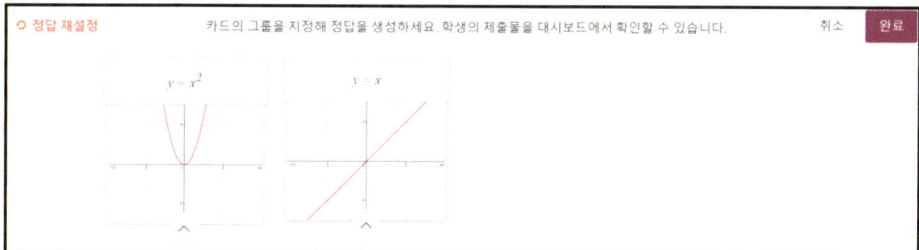

⑤ 카드를 삭제하거나 더 큰 대형카드로 만들 수 있습니다.

(4) 챌린지 크리에이터

챌린지 크리에이터는 학생들이 직접 창의적인 문제를 만들고 해결하여 동료 학생들과 공유할 수 있는 기능입니다. 화면 구성요소와 연산 레이어 스크립트를 이용하여 다양한 챌린지 크리에이터 화면을 제작할 수 있습니다. QR코드를 통해 데스모스에서 제공하는 챌린지 크리에이터에 접속해 보세요.

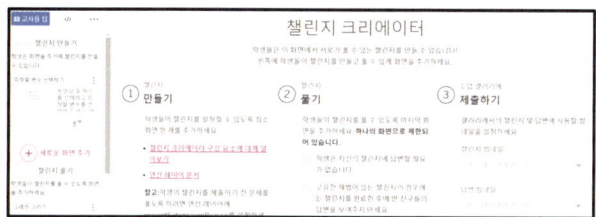 

(5) Polygraph

Polygraph는 각 라운드마다 학생들이 짝을 이루어 '선택자'가 고른 카드를 '추측자'가 맞히는 게임입니다. 선택자는 16장의 카드 중 하나를 고르고, 추측자는 선택자가 고른 카드를 맞히기 위해 예/아니오 질문을 이어 나가면서 카드를 배제해 나갑니다. 각 라운드가 완료된 후 학생들은 계속해서 무작위로 다시 짝을 이루게 됩니다. 1:1 채팅에서 그래프의 특징에 관한 질문을 직접 만들어 보며 그래프와 식을 학습하기 좋은 기능입니다. 교사는 활동을 준비하기 위해 원하는 16개의 카드를 직접 설정할 수 있습니다.

[교사 화면]

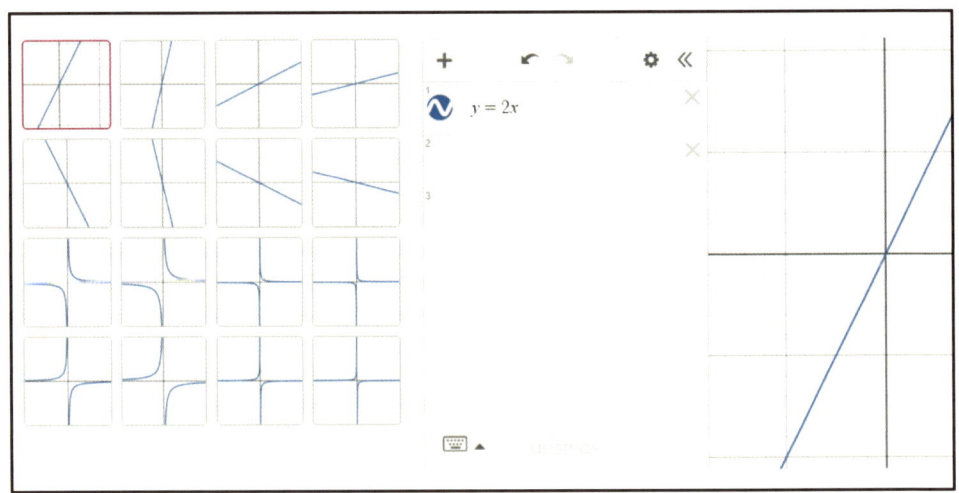

[학생 화면(선택자)]

[학생 화면(추측자)]

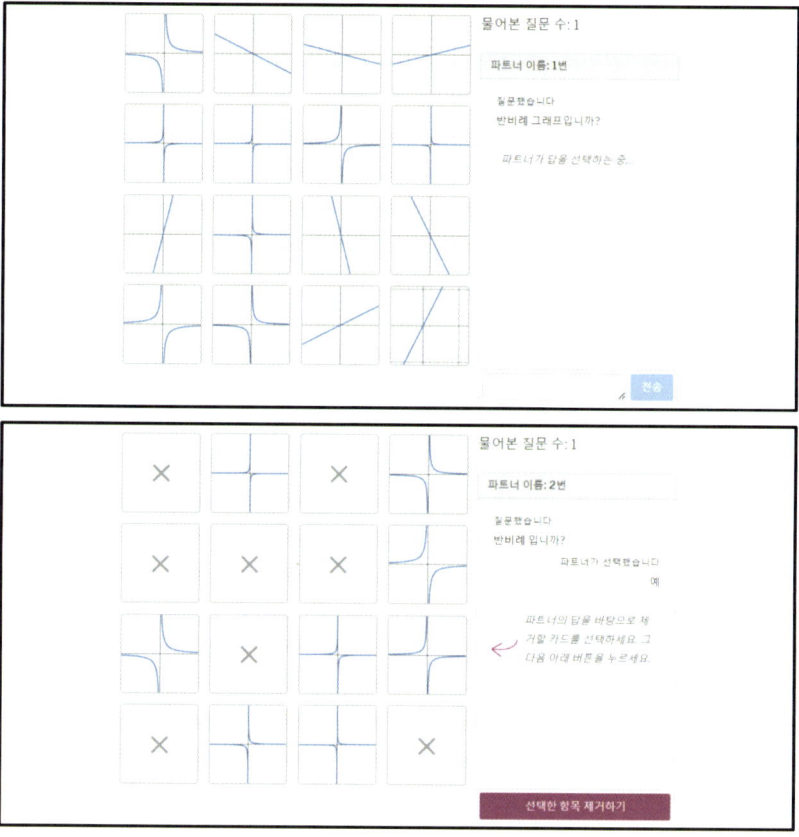

## (6) PolyPad

PolyPad는 기하학, 대수학, 확률, 게임 등 다양한 체험 학습 도구를 지원합니다. 학습 장면을 새롭고 다채로운 화면으로 구성하기 위해 사용할 수 있습니다.

## 06 수업하기

(1) 수업 입장하게 하기

수업을 제작하고 발행하시면 커스텀 액티비티에 제작된 수업이 생깁니다.

① 수업 지도안을 출력합니다. 수업 장면에 대한 참고와 메모를 할 수 있는 출력물이며 미리 교수 유의사항을 적어두면 수업 때 참고하며 편리하게 이용할 수 있습니다.

② 수업을 컬렉션에 추가하고 편집, 공유, 복사할 수 있습니다.
(학년, 학기, 단원별 수업을 모아둘 때 편리합니다.)

③ 수업을 배정합니다.

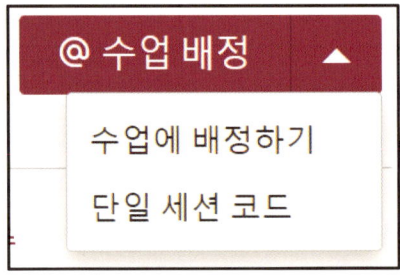

수업에 배정하기 : 설정된 교실에 수업을 추가하여 학생들이 들어오도록 합니다.

단일 세션 코드 : 코드를 생성하여 학생들을 수업에 초대합니다.

④ 학생의 수업을 미리보기로 체험 가능합니다.

● 초대 방법

(1) 코드를 2페이지 학생 코드 입력란에 입력하여 수업 입장이 가능합니다.
(2) 학생 링크를 생성하여 링크를 통해 수업에 입장하도록 할 수 있습니다.
(코드 입력은 데스모스 초기화면에서 학생 홈에서 기능합니다.)

(2) 수업 진행하기

학생들을 입장시킨 후 대시보드를 클릭하여 수업을 진행합니다.

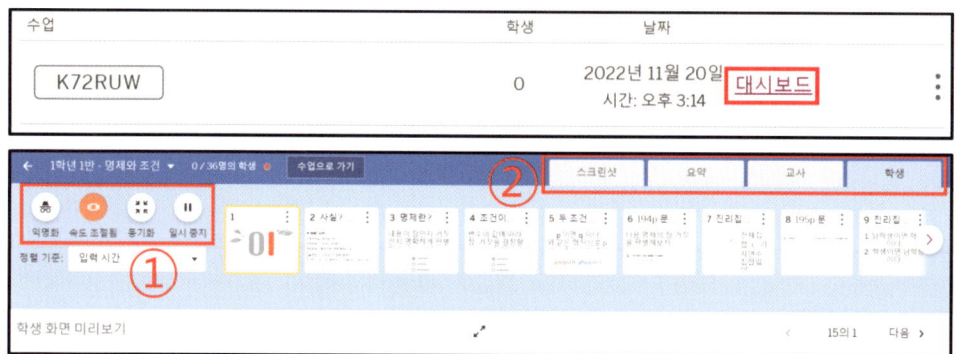

① 수업 진행과 관련된 세부사항을 설정합니다.

- 익명화 : 학생들의 이름을 수학자의 이름으로 바꾸어 익명화 합니다. 학생들이 작성한 내용을 익명으로 공개하거나 수업에 이용할 때 사용합니다.
- 속도 조절됨 : 학생들이 이동할 수 있는 슬라이드를 제한합니다.

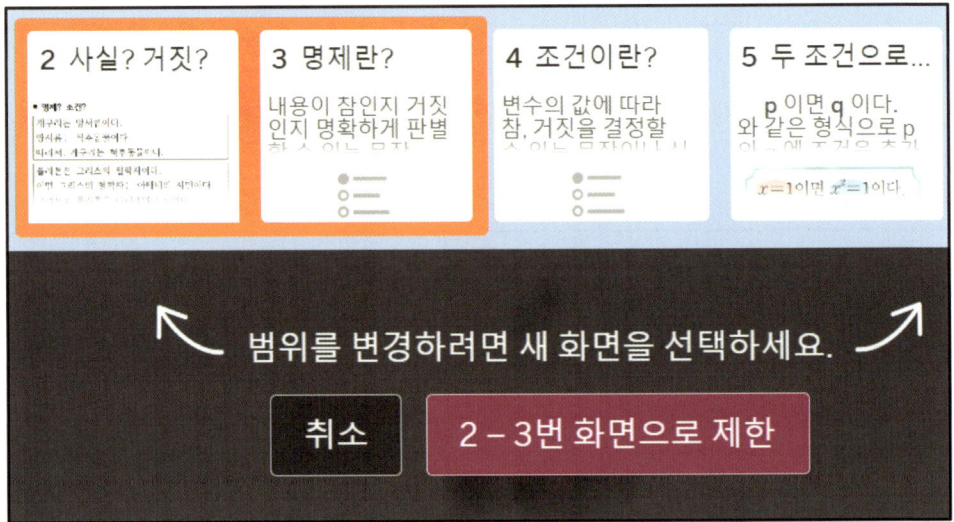

- 동기화 : 다른 슬라이드에 있는 학생들을 교사가 보고 있는 슬라이드로 이동시킵니다.
- 일시중지 : 학생들이 슬라이드에서 할 수 있는 모든 행위를 중지시킵니다. 교사가 활동에 대한 설명이 필요할 때 사용합니다.

② 수업을 진행하면서 필요한 화면을 4가지로 나누어 제공합니다.

- 스크린샷

학생들이 작성한 그림이나 그래프를 저장하고 수업에서 같이 공유하며 사용할 수 있으며 두 학생의 답변을 비교하는 용도로 활용 가능합니다.

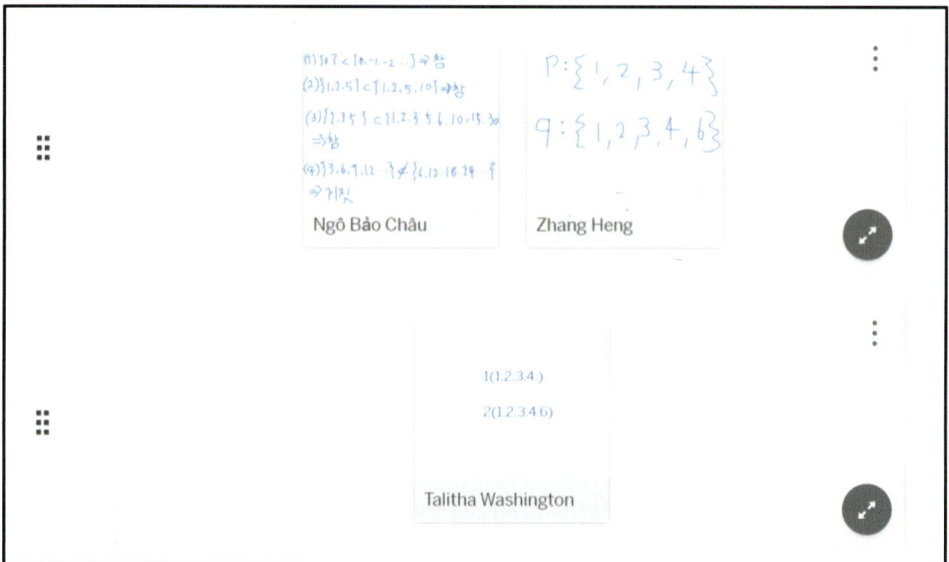

- 요약

학생들의 진행 상황을 한 눈에 확인 가능합니다.

회색 빈칸 : 학생들이 해당 슬라이드를 확인하지 않은 표시입니다.

'-' : 학생들이 해당 슬라이드를 확인 했으나 활동 내용이 없는 수업입니다.

'•' : 학생들이 해당 슬라이드를 확인 하고 활동 내용을 수행한 모습입니다.

- 교사

학생들이 작성한 내용을 일괄적으로 확인할 수 있는 화면을 제공합니다. 인상깊은 답변을 스크린샷에 저장하여 수업에서 사용할 수 있으며 학생들 개개인에게 피드백을 제공할 수 있습니다.

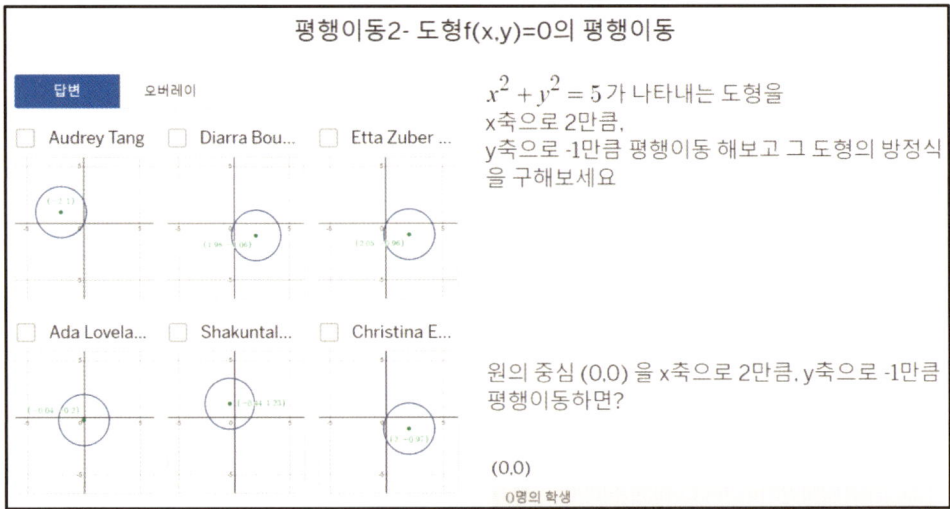

- 학생

학생에게 보이는 화면을 제공합니다. 수업을 진행하면서 모니터나 스크린에 띄워놓는 화면입니다. 학생들과 함께 화면을 보고 활동에 대한 안내를 할 때 자주 사용됩니다.

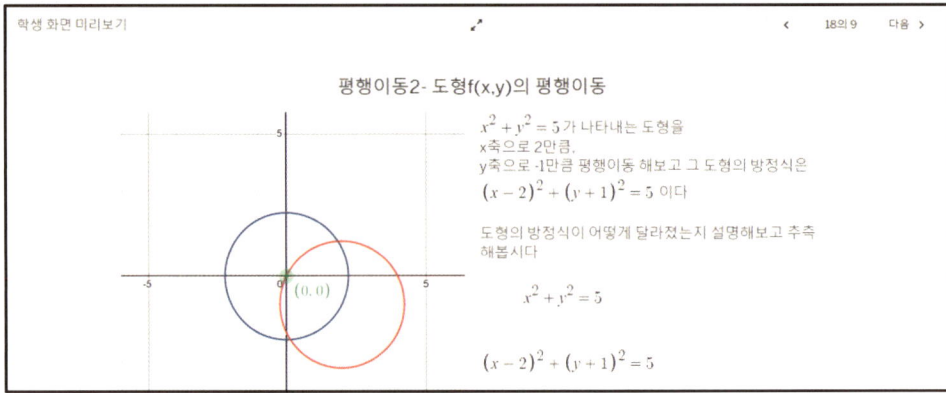

(3) 수업의 흐름

> 수업 진행 (오프라인, 온라인 통일)
> 1. 교실이 배정되어 있다면 교실에 수업을 배정하고 일회성 수업이라면 단일 세션 코드를 생성하여 링크나 코드를 통해 학생들이 수업에 참여 하도록 안내 (로그인 하여 학생들의 수업 기록이 남을 수 있도록 하는 것을 추천드립니다.)
> 2. 속도 조절을 통해 설명할 화면을 고정하고 학생들이 다른 슬라이드에 집중하지 않도록 조절
> 3. '학생' 화면에서 활동을 어떻게 진행하여야 하는지 설명
> 4. 학생들이 활동하는 과정을 '교사' 화면에서 확인, 개인별 피드백, 인상 깊은 활동 캡처
> 5. '교사' 화면을 통해 학생들의 전체적인 진행도 파악
> 6. 어느 정도 활동이 마무리되면 중지 버튼을 통해 학생들의 주의 환기
> 7. 활동 결과를 다 같이 확인하고 '스크린샷' 화면에서 친구들의 활동에 따라 토론 (친구의 답변 수정해주기, 두 친구의 답변 비교하여 개선해보기 등)
> 8. 속도 조절을 풀고 다음 슬라이드 활동으로 넘어가기

## 07 학생 수업 안내하기

▲ 학생 안내 QR코드

수업하기 전, 데스모스를 처음 사용하는 학생들을 위한 안내 액티비티입니다. QR코드로 액티비티를 복사, 편집하여 학생들에게 수업을 배정하고 데스모스 학생 링크를 제공하세요. 기본적인 접속 방법부터 로그인, 다양한 기능을 사용하는 방법 등이 설명되어 있습니다.

---

### 로그인하기

1. student.desmos.com 에 접속합니다.

2. 선생님이 여러분들의 학습 과정을 기록하기 위해 로그인 (구글 또는 데스모스 회원가입)해주세요!

3. 회원가입시 이름은 '학번+이름' 으로 적어주세요.

4. 선생님의 수업코드 6자리를 입력하거나 선생님이 배정한 수업에 참여합니다.

---

### 자유 답변

자유 답변은 질문에 대한 답변을 할 수 있는 기능입니다.

여러분은 텍스트, 이미지, 오디오, 수식 등을 입력할 수 있습니다.

답변 공유를 누르면 답변이 다른 친구들에게 공유되고, 세 명의 답변을 확인할 수 있습니다.

내가 좋아하는 색깔을 적어볼까요?

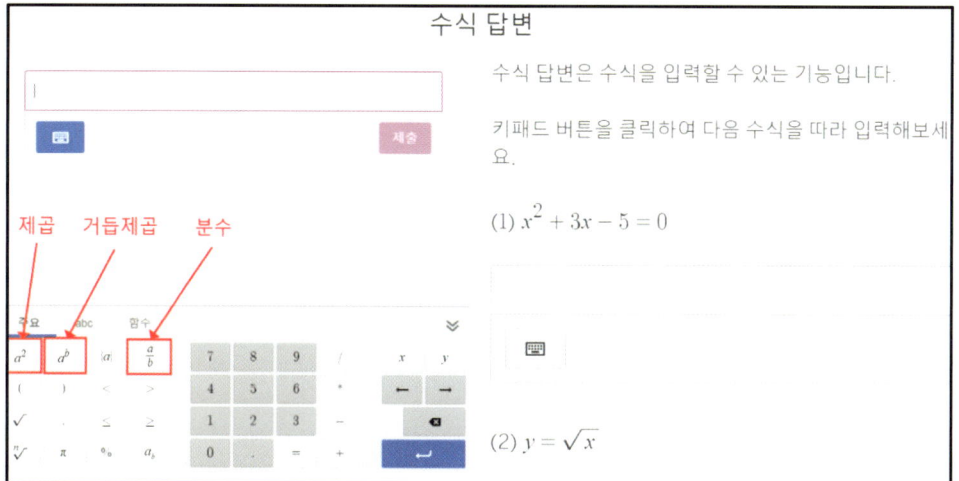

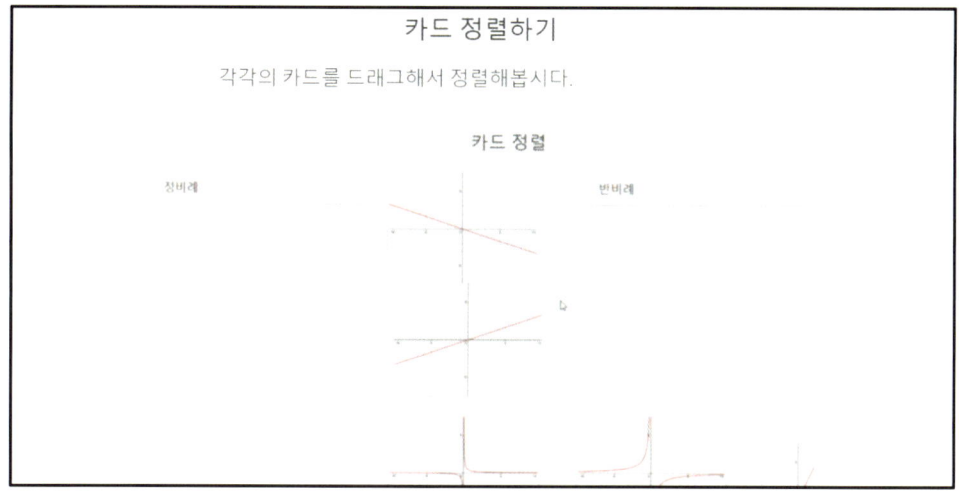

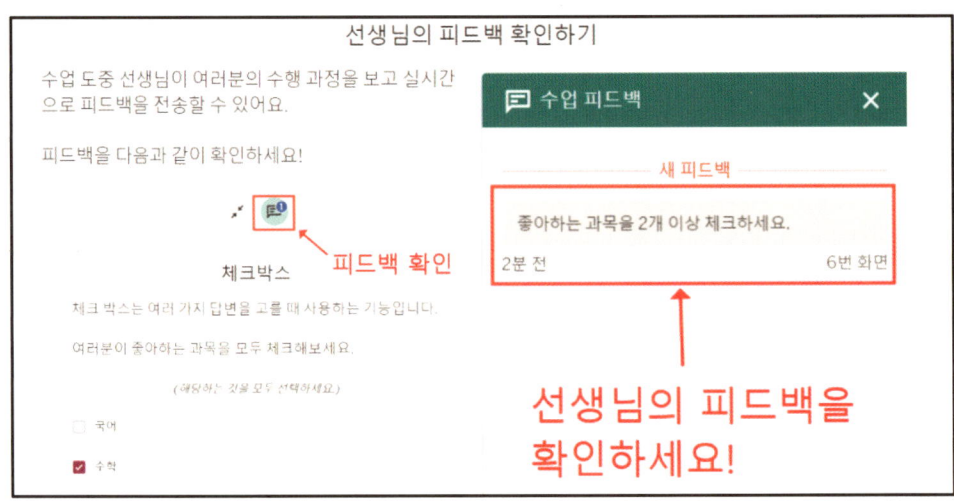

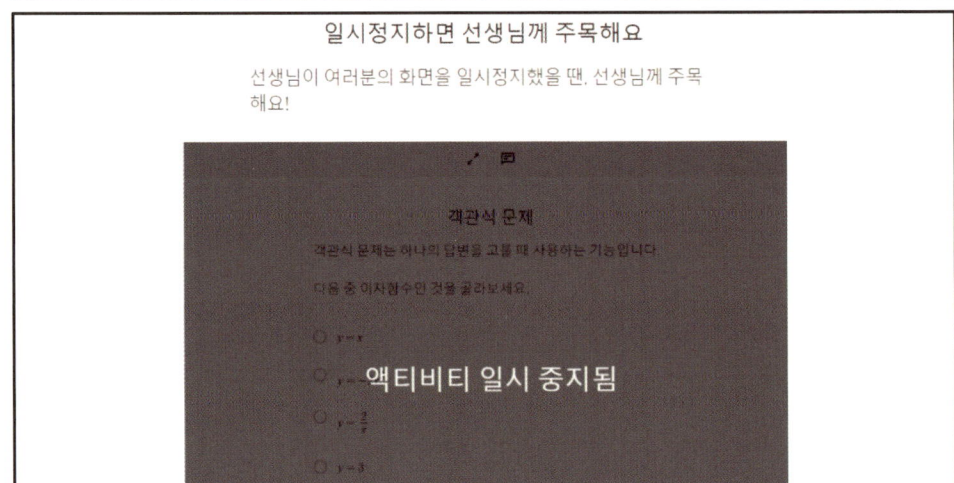

# 2부
# DESMOS 필수 기능 익히기

제 1장  주요 기능

제 2장  시각화 기능

제 3장  피드백 기능

2,3 부 데스모스 기능 모음 컬렉션

# 제 1장
# 주요기능

# 08 연산 레이어 스크립트 이해하기

각 구성요소에는 다음과 같이 연산 레이어 스크립트를 적는 공간이 있습니다.

연산 레이어 스크립트를 이용하여 구성요소의 기본기능을 이외에 추가적인 효과를 줄 수 있습니다. 연산 레이어 스크립트를 사용하기 위해서는 sink와 source를 이해할 필요가 있습니다. 각 예시들에 대한 설명은 2장에서 전체적으로 다루고 있으니 직접 따라 만드시며 익히시면 좋습니다.

## 1. sink

sink를 통해 각 구성요소에 값을 주입할 수 있습니다. 싱크는 아래와 같이 초록색으로 표시되며 : 와 같이 사용됩니다. 예를 들어 number("m"): 1.5 라고 입력하면 m이라는 변수를 1.5로 지정하겠다는 뜻입니다. 이 책에서 사용한 싱크 목록에 대해 간단한 설명과 사용한 페이지를 아래에 적어두었습니다.

animationDuraion | p. 79
그래프에서 영상의 재생 시간을 설정합니다.

background | p. 101
그래프와 그림판의 배경을 설정할 때 사용합니다.

bounds | p. 87, 89
그래프가 보이는 경계를 설정합니다.

capture | p. 104, 183
버튼을 누를 때 특정 숫자 값을 저장하는 역할을 합니다.

cellContent | p. 131
표의 특정 셀의 내용을 지정할 수 있습니다.

cellEditable | p. 133
특정 조건이 만족될 때 표의 셀을 수정할 수 있도록 합니다.

cellNumericValue | p. 98, 131
표의 특정 셀의 숫자를 지정할 수 있습니다.

content | p. 108, 120, 127, 137
메모의 내용을 스크립트에서 미리 입력할 수 있습니다.

correct | p. 130, 137
특정 조건이 만족될 때 정답 표시를 할 수 있도록 합니다.

disabled |
주어진 조건에서 버튼이 사용되지 않게 할 수 있습니다.

function | p.110, 112
미지수 $x$에 대한 함수식을 인식할 수 있습니다.

hidden  |  p.68, 71, 120, 139, 166, 172
구성요소가 특정 조건에서 사라지도록 하는 역할을 합니다.

initialColor  |
그림판에서 시작 펜의 색깔을 설정할 수 있습니다.

initialLatex  |
수식 답변 창에 특정 식을 미리 입력해놓을 수 있습니다.

labael  |
행동 버튼의 라벨 이름을 바꿀 수 있습니다.

number  |  p. 78, 81, 84, 92, 94, 97, 114, 117, 124, 134, 139, 144
그래프 편집창의 변수를 정의하는 역할을 합니다.

numberList  |  p.104
숫자 목록을 정의할 때 사용합니다.

placeholderLatex  |
수식 답변란에 입력될 수식 예시를 학생 화면에 보여줄 수 있습니다.

placeholderText  |
자유 답변란에 입력될 답변 예시를 학생 화면에 보여줄 수 있습니다.

style  |  p.120
행동 버튼의 색깔 및 스타일을 지정할 수 있습니다.

xAxisLabel & yAxisLabel  |
좌표평면 그래프에서 $x$축과 $y$축에 표기할 문구를 설정할 수 있습니다.

## 2. source

source는 구성요소에서 추출할 수 있는 값으로 주로 학생들이 입력한 문자나 숫자를 의미합니다. 예를 들어 cellNumericValue(1, 1)를 통해 학생이 표의 1행 1열에 입력한 값을 가져올 수 있습니다. 이 책에서 사용한 싱크 목록에 대해 간단한 설명과 사용한 페이지를 아래에 적어두었습니다.

> cellContent | p. 131
> 표의 특정 셀의 내용을 텍스트로 인식합니다.
>
> cellNumericValue | p. 131
> 표의 특정 셀의 내용을 숫자값으로 인식합니다.
>
> parseOrderedPair | p.114,
> 수식 답변에 적인 순서쌍을 인식합니다.

(모든 source는 대소문자를 구별하여 입력하여야 합니다.)

## 3. 그 외 sink& source

이 책에서 설명한 sink와 source외에 유용하게 사용할 수 있는 명령어를 소개해드립니다.

> explainPrompt
> 각 선택지를 고를 때 마다 다른 질문을 할 수 있습니다.
>
> initialText
> 학생들의 입력란에 미리 입력되어있을 텍스트를 설정할 수 있습니다.
>
> initialtool
> 그림판에서 도구를 미리 설정할 수 있습니다.
>
> showexplain
> 정답을 입력할 때만 설명란이 활성화되기 합니다.
>
> submitLabel
> 제출버튼의 문구를 설정할 수 있습니다.

**suffix**
입력란의 단위를 표시해줍니다.

**warning**
특정 조건을 만족하면 주의 표시가 나오게 됩니다.

## 09 조건절

sink와 source를 사용하다 보면 다양한 상황에서의 조건을 표현해야 할 필요가 생깁니다. 그래서 다음은 자주 쓰이는 조건절에 대한 설명입니다.

(1) 조건절

① **when, otherwise** : when은 if와 같은 의미로 사용됨. 앞서 열거한 어떠한 조건에도 해당되지 않을 경우에는 otherwise를 사용

- 활용법
1) when (A) (a) otherwise (b) : A 상황일 때 a이고, 그 외에는 b
2) when (A) or (B) (a) otherwise (b) : A 상황 또는 B 상황일 때 a이고,
   그 외에는 b
3) when (A) and (B) (a) otherwise (b) : A 상황이고 B 상황일 때 a이고,
   그 외에는 b

( * 단, when은 반복 사용 가능 )

| 예 시 1 |
|---|
| - 객관식 문제의 구성 요소 이름 : choice |
| 1  number(`M`): when choice.isSelected(1) 1<br>2              when choice.isSelected(2) 2<br>3              otherwise 0 |
| 1 숫자 M을 다음과 같이 정의: choice가 1번으로 선택됐을시 1,<br>2 choice가 2번으로 선택됐을시 2,<br>3 그 외에는 0 |

| 예 시 2 |
|---|
| 1 cellContent(1,3): when this.cellNumericValue(1,2)=1 "정답"<br>2 when this.cellNumericValue(1,2)>1 or this.cellNumericValue(1,2)<1 "다시"<br>3 otherwise "" |
| 1 1행 3열의 셀 내용은 이 표의 1행 2열의 셀 값이 1이면 "정답"으로 표시<br>2 이 표의 1행 2열의 셀 값이 1보다 크거나 작으면 "다시"로 표시<br>3 그 외에는 공백 |

**(2) 논리연산자**

- 복잡한 조건을 표현하고자 할 때, 다음과 같은 조건문을 사용하면 도움이 됨

① and : 두 명제를 사용하고 둘 다 참인 경우에만 참이 되도록 하는 조건문 작성 시 사용

② or : 두 명제를 사용하고 둘 중 하나라도 참인 경우에만 참이 되도록 하는 조건문 작성 시 사용

③ not : 명제를 반대로 전환해주는 역할을 함

- 활용법
   not(A) : A가 아닐 때

| 예 시 |
|---|
| - 행동 버튼의 구성 요소 이름 : button<br>그래프 스크립트에 다음과 같이 입력 시,<br>1 hidden: not(button.timeSincePress()>0) |
| 1 button을 누른 지 0초가 지나지 않았으면 그래프가 사라짐<br>(= button을 누른 후 지난 시간이 0보다 크면 그래프가 나타남) |

# ⑩ 구성요소 숨기기

hidden

## 한눈에 보기

hidden 을 이용하여 메모, 자유답변, 그래프, 미디어 등 다양한 구성요소를 사라지게 할 수 있습니다. 아래 상황에서 '사라져라' 버튼을 누르면 그래프가 사라지게 할 수 있습니다.

[교사 화면]

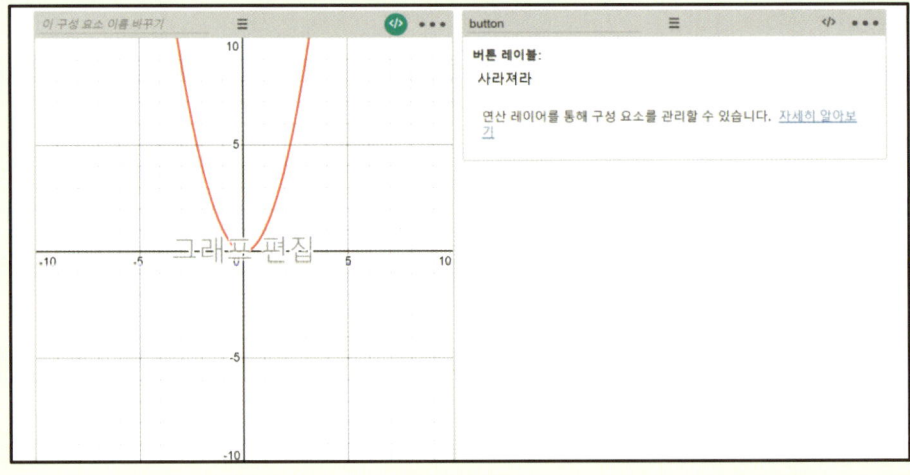

[학생 화면]

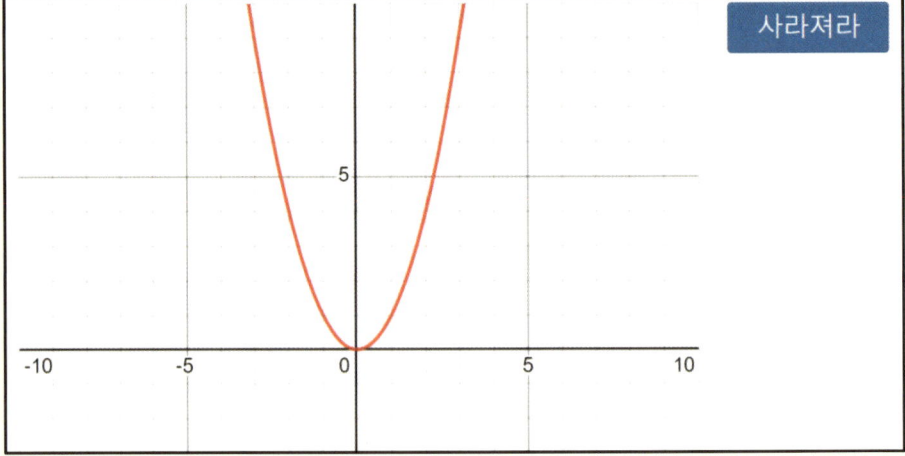

> **Sink**

hidden 은 구성요소가 특정 상황에서 사라지도록 하는 역할을 합니다. 답변 입력하기, 버튼 누르기, 체크박스 체크하기, 그래프 그리기 등의 다양한 활동들과 연결되어 구성요소를 사라지게 만들 수 있습니다.

## 제작해보기

1. '그래프'와 '행동 버튼(button)'을 생성하기
2. '그래프 편집'을 눌러 그리고자 하는 그래프 $y = x^2$를 입력하기.

3. '행동 버튼(button)레이블'에 '사라져라'를 입력하기

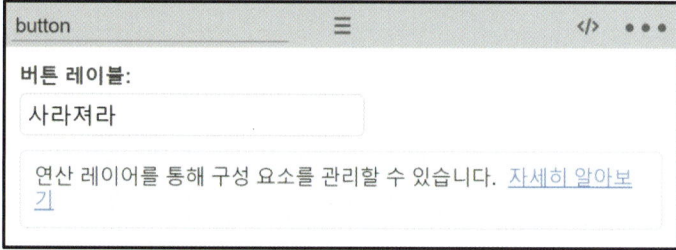

4. '그래프 스크립트'

```
1 hidden: button.timeSincePress()>0
```

1 button을 누른 뒤 지난 시간이 0보다 크면 그래프가 사라짐

**TIP**

1. 다양한 상황 속에서 구성요소 사라지게 하기
① 사라지게 할 구성요소 선택
② 구성요소를 사라지게 할 상호작용의 구성요소를 선택하고 이름을 부여
③ 사라지게 할 구성요소 스크립트에 hidden 입력

2. 다양한 상황과 입력 함수 (QR 코드에서 예시 확인)

| 상호작용<br>구성요소 | 구성요소<br>이름 | 상황 | hidden<br>함수 |
|---|---|---|---|
| 자유 답변 | free | 답변을 제출하면<br>사라지게 하기 | hidden:free.submitted |
| 수식 답변 | math | 답변을 제출하면<br>사라지게 하기 | hidden:math.submitted |
| 객관식문제 | choice | 답을 골라 제출하면<br>사라지게 하기 | hidden:choice.submitted |
| 객관식문제 | choice | 2번을 고르면<br>사라지게 하기 | hidden:choice.isSelected(2) |
| 체크박스 | check | 체크하고 제출하면<br>사라지게 하기 | hidden:check.submitted |
| 체크박스 | check | 2번을 체크하고 제출<br>하면 사라지게 하기 | hidden:check.isSelected(2) |
| 그림판 | sketch | 그리면 사라지게 하기<br>(터치 횟수>0) | hidden:<br>sketch.sketch.strokeCount>0 |
| 표 | cell | 2행 1열의 값이 3이<br>면 사라지게 하기 | hidden:<br>cell.cellNumericValue(2,1)=3 |
| 행동 버튼 | button | 누르면 사라지게 하기<br>(누른 후 0초가 지나<br>면 사라지게 하기) | hidden:<br>button.timeSincePress()>0 |

# ⑪ 구성요소 나타내기

hidden

## 한눈에 보기

hidden과 not을 이용하여 메모, 자유 답변, 그래프, 미디어 등 다양한 구성요소를 나타나게 할 수 있습니다. 아래 상황에서 '나타나라' 버튼을 누르면 그래프가 나타나게 할 수 있습니다.

[교사 화면]

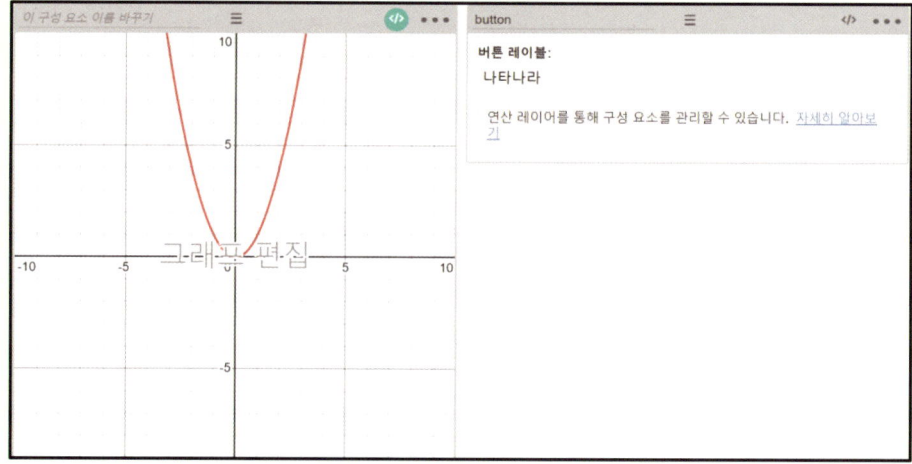

[학생 화면]

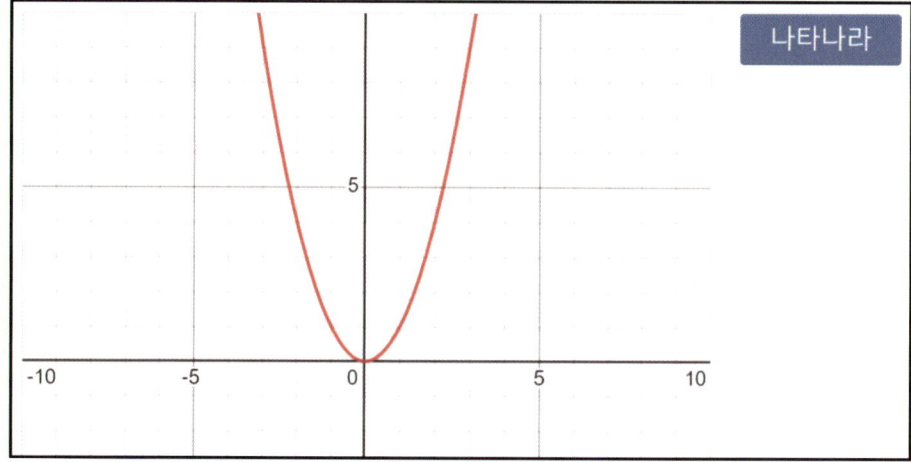

> Sink

hidden 은 구성요소가 특정 상황에서 사라지도록 하는 역할을 합니다. 답변 입력하기, 버튼 누르기, 체크박스 체크하기, 그래프 그리기 등의 다양한 활동들과 연결되어 구성요소를 사라지게 만들 수 있습니다. not을 사용하면 사라지는 것 대신 반대로 나타나는 기능을 하게 됩니다.

## 제작해보기

1. '그래프'와 '행동 버튼(button)'을 생성하기
2. '그래프 편집'을 눌러 그래프 $y = x^2$을 입력하기

4. '행동 버튼'의 버튼 레이블에 '나타나라'를 입력하기

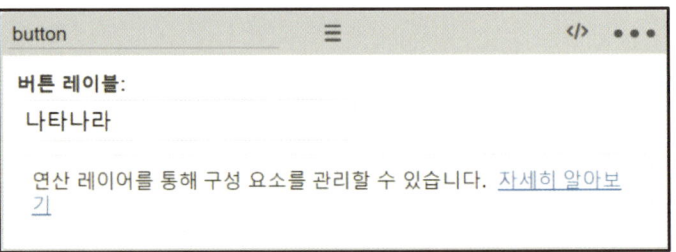

5. '그래프 스크립트'

```
1 hidden: not(button.timeSincePress()>0)
```

1 button을 누른 지 0초가 지나지 않았으면 그래프를 사라지게 함
  (= button을 누른 뒤 지난 시간이 0보다 크면 그래프가 나타남)

## TIP

1. 다양한 상황 속에서 구성요소 나타나게 하기
① 나타나게 할 구성요소 선택
② 구성요소를 나타나게 할 상호작용의 구성요소를 선택하고 이름을 부여
③ 나타나게 할 구성요소 스크립트에 hidden 함수 입력

2. 다양한 상황과 입력 함수 (QR 코드에서 예시 확인)

| 상호작용 구성요소 | 구성요소 이름 | 상황 | hidden 함수 |
|---|---|---|---|
| 자유 답변 | free | 답변을 제출하면 나타나게 하기 | hidden:not(free.submitted) |
| 수식 답변 | math | 답변을 제출하면 나타나게 하기 | hidden:not(math.submitted) |
| 객관식문제 | choice | 답을 골라 제출하면 나타나게 하기 | hidden:not(choice.submitted) |
| 객관식문제 | choice | 2번을 고르면 나타나게 하기 | hidden: not(choice.isSelected(2)) |
| 체크박스 | check | 체크하고 제출하면 나타나게 하기 | hidden:not(check.submitted) |
| 체크박스 | check | 2번을 체크하고 제출하면 나타나게 하기 | hidden:not(check.isSelected(2)) |
| 그림판 | sketch | 그리면 나타나게 하기 (터치 횟수>0) | hidden: not(sketch.sketch.strokeCount>0) |
| 표 | cell | 2행 1열의 값이 3이면 나타나게 하기 | hidden: not(cell.cellNumericValue(2,1)=3) |
| 행동 버튼 | button | 누르면 나타나게 하기 (누른 후 0초가 지나면 나타나게 하기) | hidden: not(button.timeSincePress()>0) |

# 제 2장
# 시각화 기능

# ⑫ 그래프 자취 그리기(1)

- 자동으로 그려지는 그래프

## 한눈에 보기

학생들이 배우고 있는 특정 함수의 그래프가 그려지는 과정을 시각적으로 확인할 수 있습니다. 특별한 조작 없이 시간이 지남에 따라 자동으로 그래프가 그려집니다.

[교사 화면]

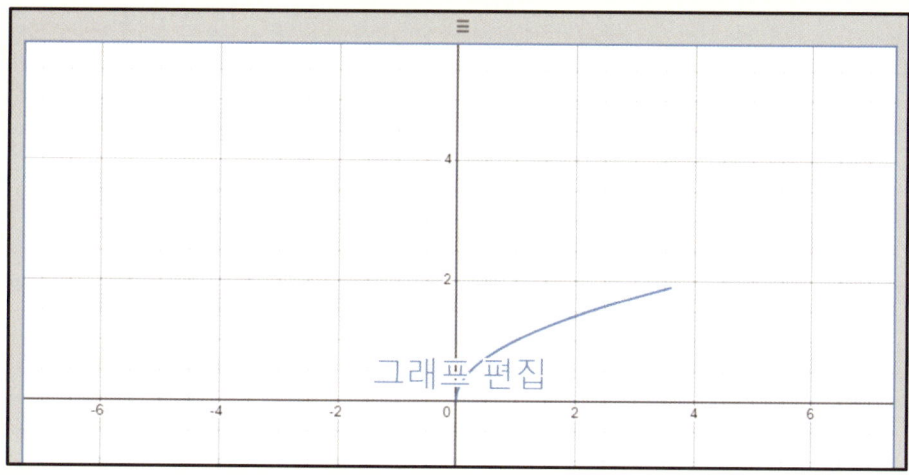

[학생 화면]

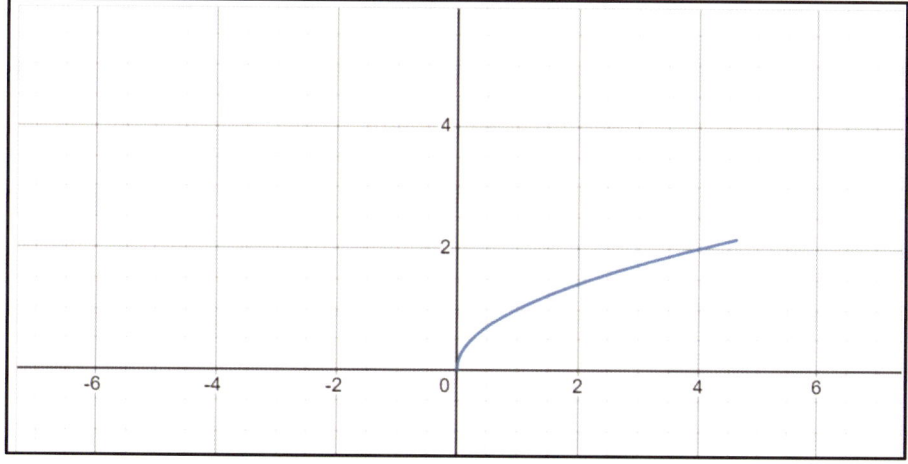

## 제작해보기

1. '그래프'를 생성하기
2. '그래프 편집'에서 그리고자 하는 그래프 $y = \sqrt{x}$ 의 자취가 될 점을 매개변수 형태 $(t, \sqrt{t})$로 입력하고, 매개변수의 범위를 $0 \leq t \leq a$로 입력하기
   (변수 $a$에 대한 슬라이더가 자동으로 생성됨)
3. 슬라이더를 클릭하고 변수 $a$의 범위를 입력하기
   ($0 \leq a \leq 5$이면 $t = 0$부터 $t = 5$까지의 자취가 그려짐)

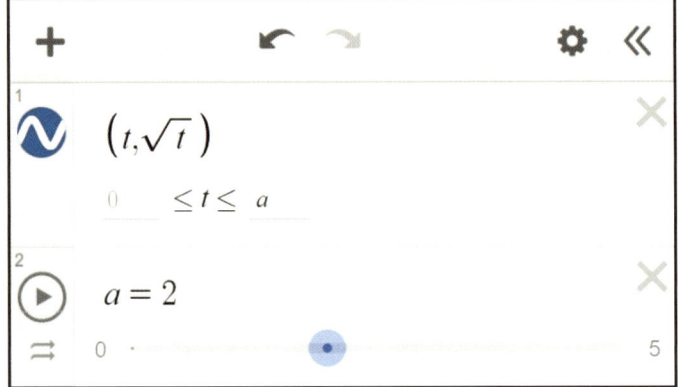

4. 애니메이션 속성을 클릭하여 애니메이션 모드와 속도를 설정하여 원하는 형태의 애니메이션 제작하기

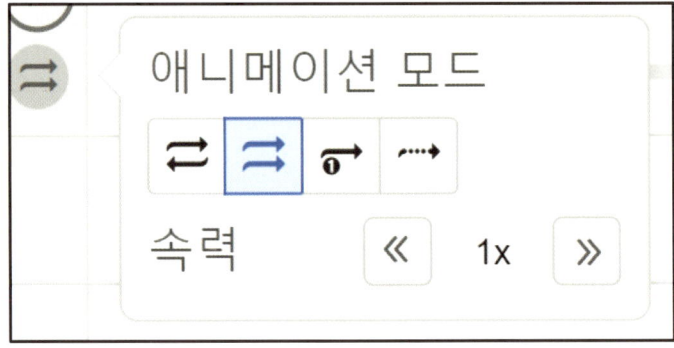

## TIP

애니메이션 모드 설명

⇌ : 변수의 경곗값 사이를 좌우로 반복하여 재생됩니다.

⇉ : 변수가 커지는 방향으로 반복적으로 재생됩니다.

↻ : 변수가 커지는 방향으로 한번 재생됩니다.

⤳ : 변수가 커지는 방향으로 범위 없이 재생됩니다.

# 12 그래프 자취 그리기(2)

- 동영상 플레이어로 만들기

animationDuration, number

## 한눈에 보기

학생들이 배우고 있는 특정 함수의 그래프가 그려지는 과정을 시각적으로 확인할 수 있습니다. 재생 버튼과 재생 바를 통해 학생들이 그래프가 그려지는 과정을 능동적으로 확인할 수 있습니다.

[교사 화면]

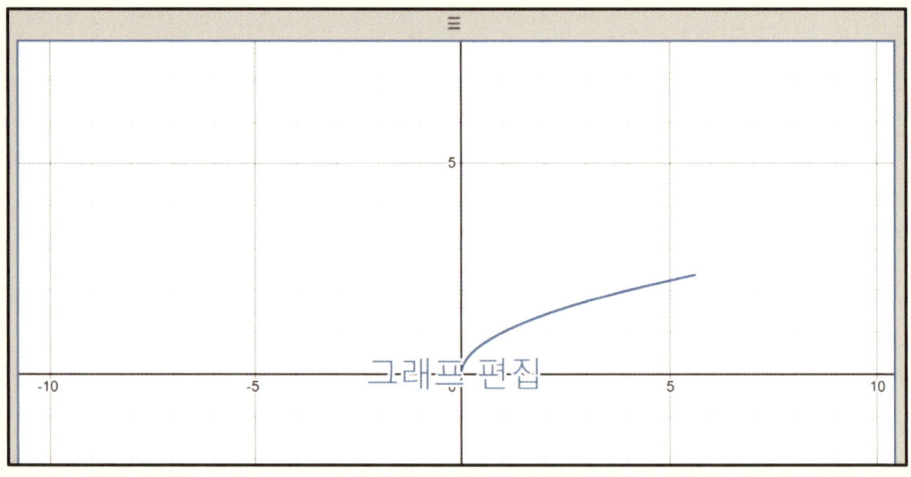

[학생 화면]

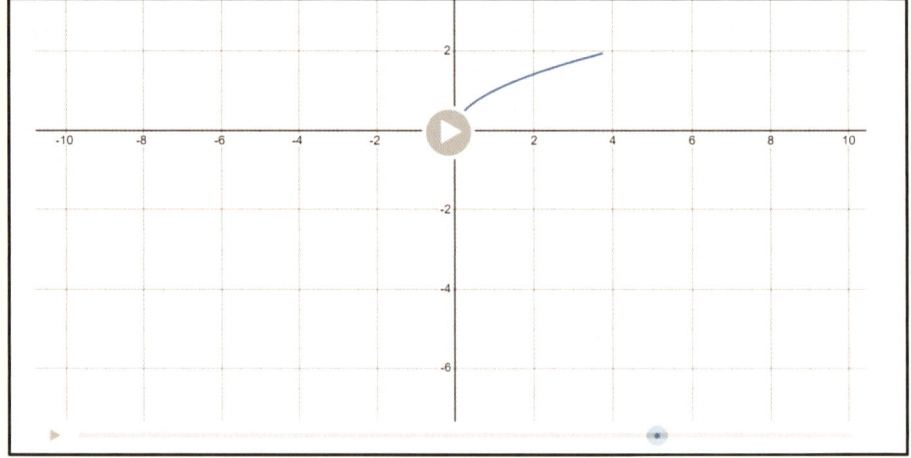

> **Sink**

animationDuraion 은 그래프 구성요소의 재생 시간을 부여하는 역할을 합니다. 반드시 재생 시간을 특정 변수에 부여하는 행위가 있어야 그래프 편집 내용에 영향을 줄 수 있습니다.

number 는 현재 그래프 편집창의 변수를 정의하는 역할을 합니다. 재생시간에 영향을 받도록 this.animationTime(현재 이 변수의 값은 재생시간의 값)으로 정의합니다.

## 제작해보기

1. '그래프'를 생성하기
2. '그래프 편집'을 눌러 그리고자 하는 그래프 $y = \sqrt{x}$ 의 자취가 될 점을 매개변수 형태 $(t, \sqrt{t})$로 입력하고, 매개변수의 범위를 $0 \leq t \leq a$로 입력하기 (변수 $a$에 대한 슬라이더가 자동으로 생성됨)

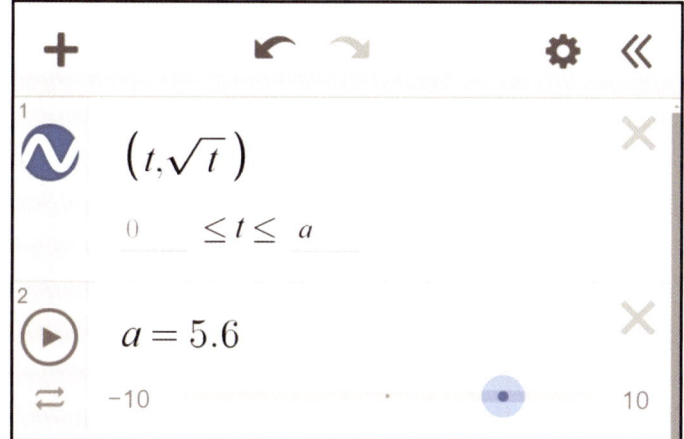

3. '그래프 스크립트'

```
1 animationDuration: 5
2 number(`a`): this.animationTime
```

1 재생시간을 5초로 설정
2 변수 $a$를 이 구성요소의 재생시간으로 정의

## TIP

1. 'animationDuration:10'으로 설정하면 재생 시간이 10초가 되며 $a$의 최댓값도 10이 됩니다. 따라서 $0 \leq x \leq 10$ 영역의 그래프가 그려집니다.
2. $a$의 값이나 영역을 따로 설정하지 않아도 스크립트 명령어가 그래프 입력 값보다 우선순위를 갖기 때문에 그래프의 자취가 스크립트대로 그려집니다.

# ⑫ 그래프 자취 그리기(3)

- 재생버튼 추가하기

number

### 한눈에 보기

학생들이 배우고 있는 특정 함수의 그래프가 그려지는 과정을 시각적으로 확인할 수 있습니다. 행동 버튼을 추가하여 버튼을 누르면, 그래프가 그려지도록 설정할 수 있습니다.

[교사 화면]

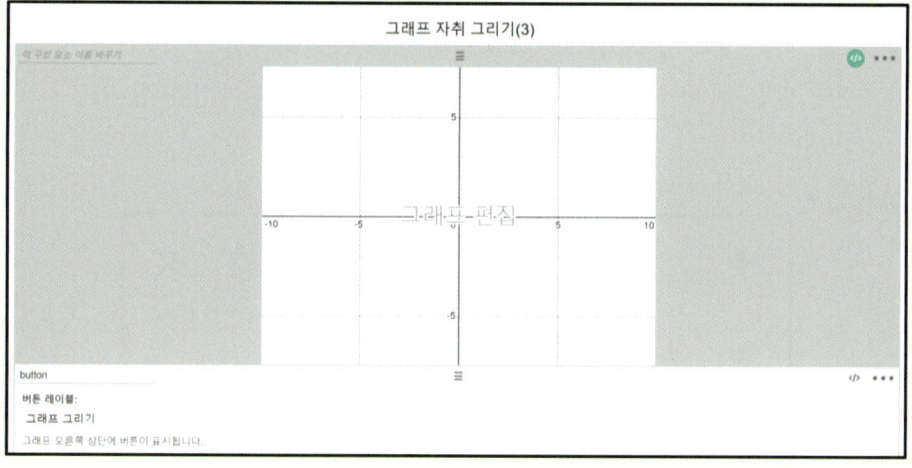

[학생 화면]

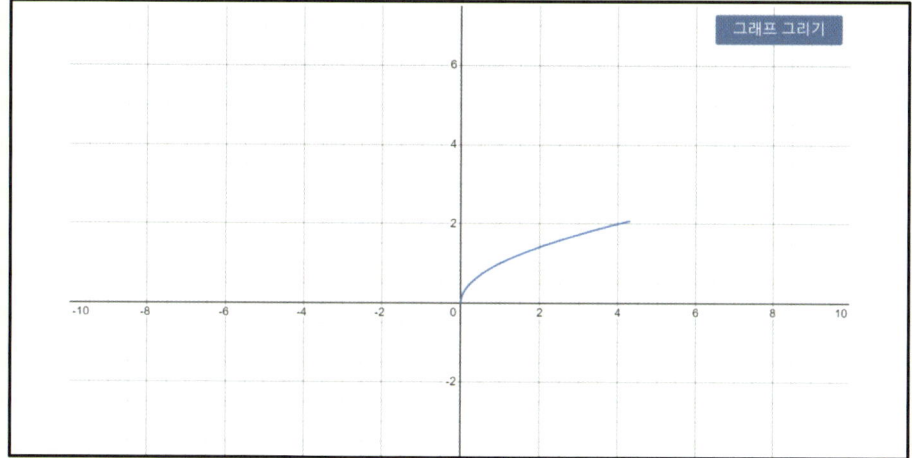

## Sink

number 는 현재 그래프 편집창의 변수를 정의하는 역할을 합니다. 현재는 버튼을 누른 후 지난 시간으로 변수를 정의하여 버튼을 누르면 변수가 커지면서 그래프의 자취가 그려지도록 설정되었습니다.

## 제작해보기

1. '그래프'와 '행동 버튼(button)'을 생성하기 (생성 후 행동 버튼을 그래프 아래로 드래그하여 붙이기)
2. '그래프 편집'을 눌러 그리고자 하는 그래프 $y = \sqrt{x}$ 의 자취가 될 점을 매개변수 형태 $(t, \sqrt{t})$ 로 입력하고, 매개변수의 범위를 $0 \leq t \leq a$ 로 입력하기 (변수 $a$ 에 대한 슬라이더가 자동으로 생성됨)

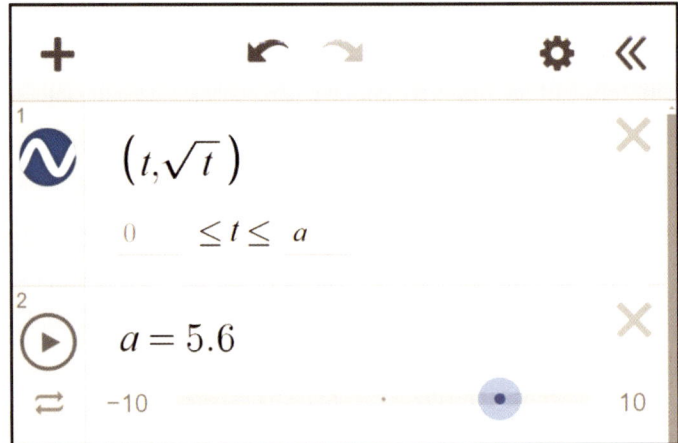

3. '행동 버튼'의 버튼 레이블에 '그래프 그리기'를 입력하기
4. '그래프 스크립트'

```
1 number(`a`): button.timeSincePress(5)
```
1 변수 $a$를 button을 누른 후 지난 시간으로 정의 (최댓값 5)

**TIP**

1. timsSincePress( ) 의 괄호 안에 적는 숫자에 따라 그래프의 자취가 끝나는 시점이 정해집니다. 적지 않을 경우 그래프가 끝없이 그려집니다.

# 12 그래프 자취 그리기(4)

- 범위에 따라 변하는 함수 그래프

number

## 한눈에 보기

학생들이 배우고 있는 특정 함수의 그래프가 그려지는 과정을 시각적으로 확인할 수 있습니다. 함수를 설정할 때, 정의역 범위별로 함수를 설정하여 그래프가 그려지도록 할 수 있습니다.

[교사 화면]

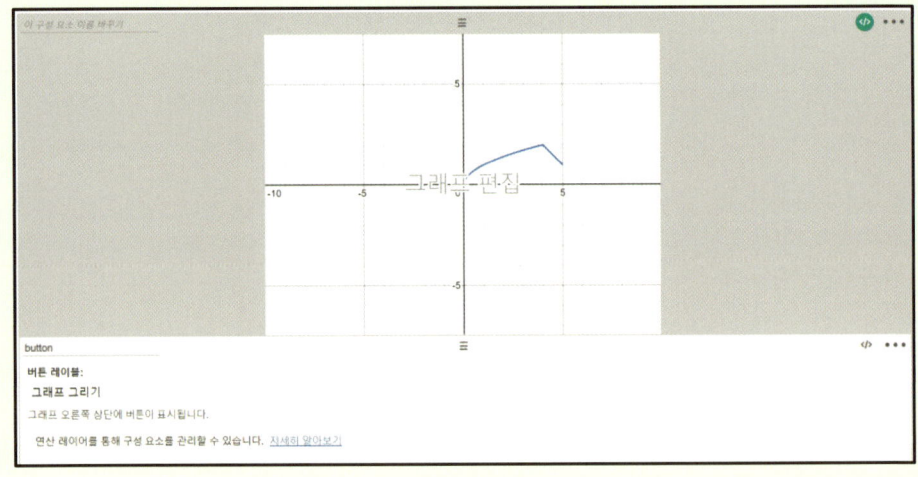

[학생 화면]

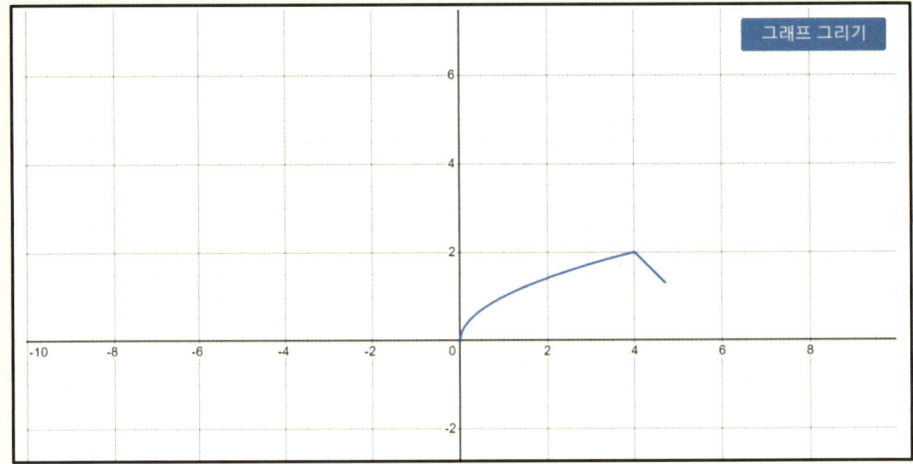

2부 DESMOS 필수 기능 익히기

> Sink

number 는 현재 그래프 편집창의 변수를 정의하는 역할을 합니다. 현재는 버튼을 누른 후 지난 시간으로 변수를 정의하여 버튼을 누르면 변수가 커지면서 그래프의 자취가 그려지도록 설정되었습니다.

## 제작해보기

1. '그래프'와 '행동 버튼(button)'을 생성하기 (생성 후 행동 버튼을 그래프 아래로 드래그하여 붙이기)
2. '그래프 편집'을 눌러 그리고자 하는 그래프의 자취를 범위별로 다음과 같이 입력하기( $f(x) = \{범위1 : 함수1, 범위2 : 함수2 \cdots\}$ )

$$f(x) = \{0 < x < 4 : \sqrt{x}, x > 4 : -x + 6\}$$

3. 그래프가 그려지는 점의 자취를 매개변수 형태 $(t, f(t))$로 입력하고, 매개변수의 범위를 $0 \leq t \leq a$로 입력하기
   (변수 $a$에 대한 슬라이더가 자동으로 생성됨)

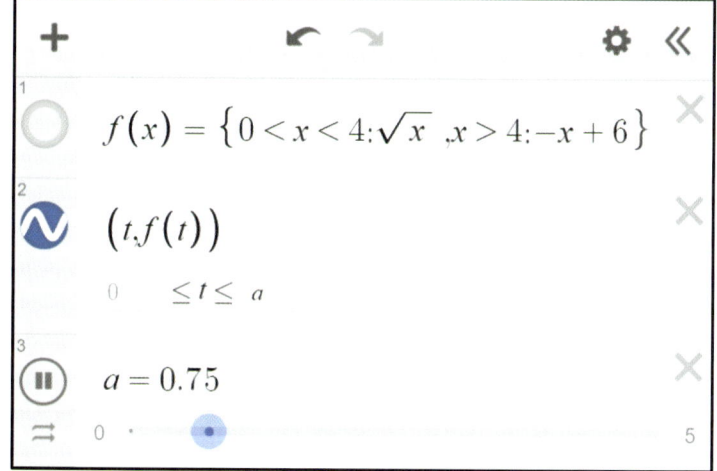

4. '행동 버튼'의 버튼 레이블에 '그래프 그리기'를 입력하기

5. '그래프 스크립트'

```
1 number(`a`): button.timeSincePress(7)
```

1 변수 $a$를 버튼(button)을 누른 후 지난 시간으로 정의 (최댓값 7)

**TIP**

1. $(t, f(t))$를 $(-t, f(-t))$로 바꾸면 자취가 그려지는 방향을 바꿀 수 있습니다.

# 13 화면 영역 제한하기(1)

- 정해진 화면 크기로 보이게 하기

bounds

## 한눈에 보기

그래프 편집창에서 만든 그래프가 학생들에게 보일 때, 보이는 부분의 범위를 정하여 나타나게 할 수 있습니다. 다음 화면은 학생에게 보이는 화면을 $-2 \leq x \leq 2, -2 \leq y \leq 2$로 제한한 화면입니다.

[교사 화면]

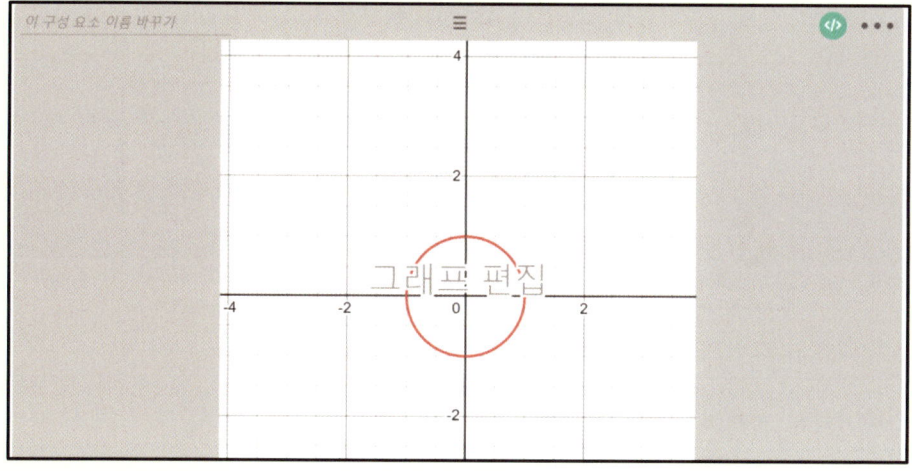

[학생 화면]

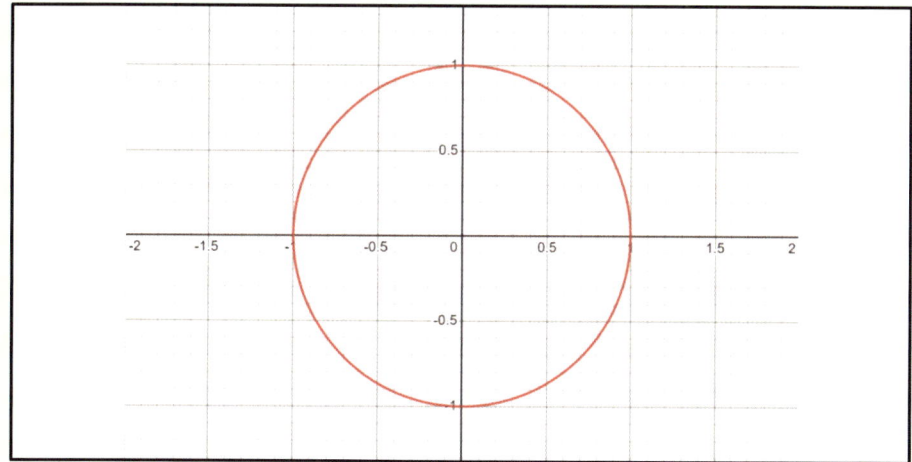

> Sink

bounds 는 그래프의 경계를 설정합니다. 현재 그래프 예시에서는 makeBounds와 결합하여 학생들에게 보이는 그래프의 영역을 제한합니다.

## 제작해보기

1. '그래프'를 생성하기
2. '그래프 편집'을 눌러 그리고자 하는 그래프 $x^2+y^2=1$의 함수식을 입력하고, 그래프를 가장 잘 관찰할 수 있는 범위를 확인하기
   (현재는 $-2 \leq x \leq 2$, $-2 \leq y \leq 2$의 범위에서 원을 관찰하기 쉬움)

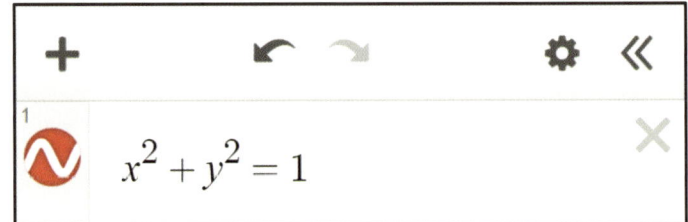

3. '그래프 스크립트'

```
1 bounds: makeBounds(-2,2,-2,2)
1 보이는 화면을 −2 ≤ x ≤ 2, −2 ≤ y ≤ 2으로 제한
```

## TIP

1. bounds: makeBounds(-2,2,-2,2) 에 들어가는 숫자는 차례대로 제한하고자 하는 영역의 범위 값입니다. 예를 들어 제한 영역이 '$-3 \leq x \leq 2$, $2 \leq y \leq 7$'인 경우 bounds: makeBounds(-3,2,2,7) 로 작성하면 됩니다.
2. 제한 영역이 정사각형이 아닐 경우 그래프의 왜곡이 일어나므로 주의해야 합니다. 제한 영역이 정사각형임에도 불구하고 왜곡이 일어날 때는 빈 메모를 하나 추가하면 해결됩니다.

# 13 화면 영역 제한하기(2)

- 학생들이 화면 직접 조정하기

bounds

## 한눈에 보기

그래프 편집창에서 만든 그래프가 학생들에게 보일 때, 보이는 부분의 범위를 정하여 노출되게 할 수 있습니다. 다음 예시는 학생들이 원의 중심을 이동함에 따라 화면도 원을 따라가도록 제작하였습니다.

[교사 화면]

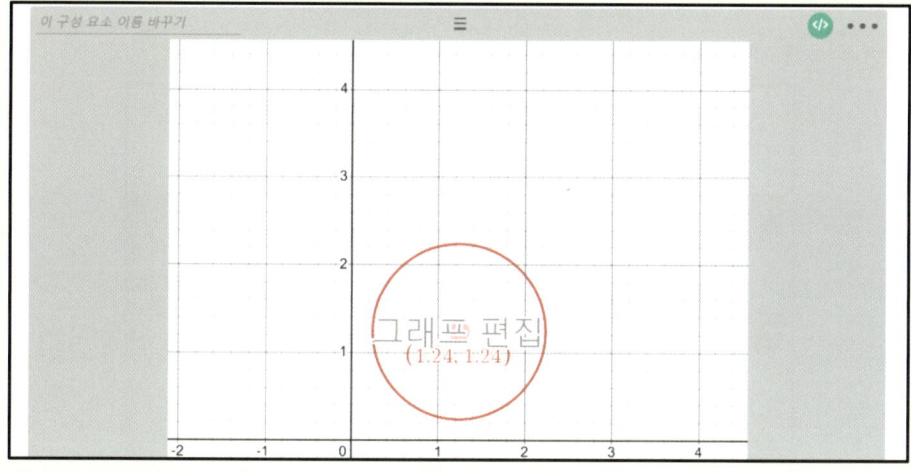

[학생 화면]

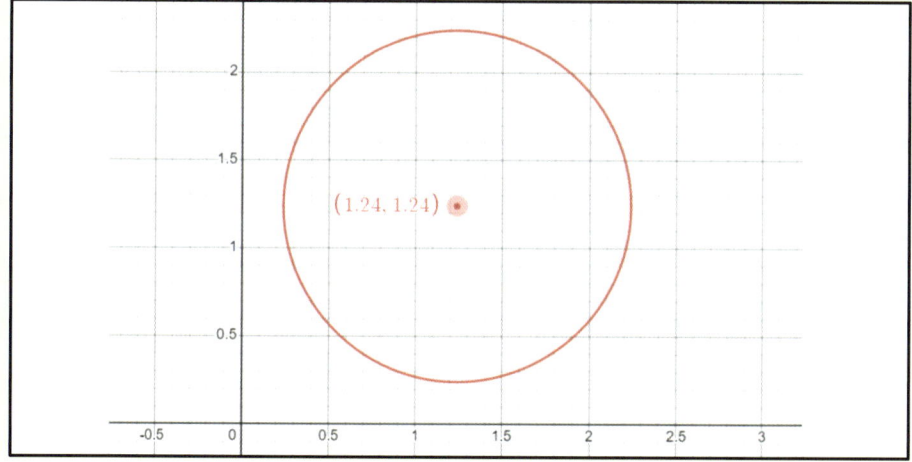

> Sink
>
> bounds 는 그래프의 경계를 설정합니다. 현재 그래프 예시에서는 makeBounds와 변수를 이용하여 학생들에게 보이는 그래프의 영역을 제한합니다.

## 제작해보기

1. '그래프'를 생성하기
2. '그래프 편집'을 눌러 그리고자 하는 그래프 $(x-p)^2+(y-p)^2=1$의 자취를 입력하고 원을 움직일 수 있도록 중심 $(p,p)$를 입력하기
   (변수 $p$에 대한 슬라이더가 자동으로 생성됨)

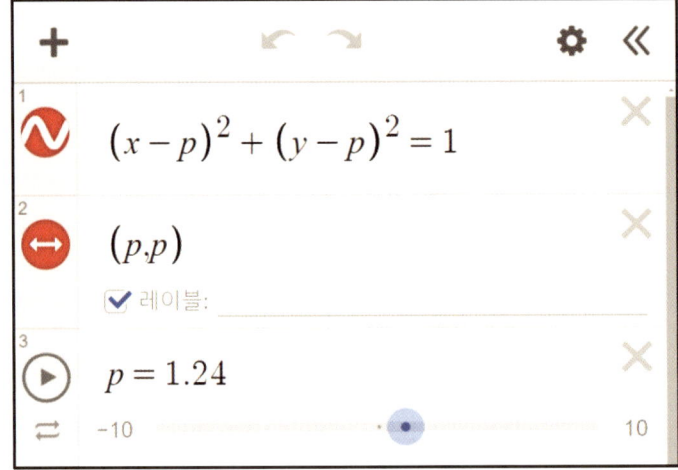

3. 원을 관찰하기 쉬운 영역을 '원의 중심을 기준으로 $p-2 \leq x \leq p+2$, $p-2 \leq y \leq p+2$'로 정하고 이를 스크립트 창에 입력하기 위해 새로운 변수 $a=p-2, b=p+2$를 정의하기 (원이 잘 보이는 정사각형 영역 설정)

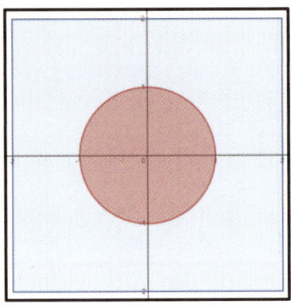

$$a = p - 2$$
$$a = -0.76$$

$$b = p + 2$$
$$b = 3.24$$

4. '그래프 스크립트'

```
1  a=this.number(`a`)
2  b=this.number(`b`)
3  bounds: makeBounds(a,b,a,b)
```

1 a를 이 그래프에 입력한 변수 $a$로 정의
2 b를 이 그래프에 입력한 변수 $b$로 정의
3 보여지는 화면을 $a \leq x \leq b, a \leq y \leq b$로 제한 ($a = p - 2, b = p + 2$)

### TIP

1. 변수를 다양하게 설정하여 상황에 맞게 화면을 제한하도록 응용할 수 있습니다.
2. a=this.number(`a`)와 같이 스크립트 창에서는 그래프 편집창 내에 있는 변수를 인식하지 못하므로 꼭 정의를 해줘야 합니다. (같은 문자로 정의할 필요는 없다.)
3. 스크립트 창에서 this 는 현재 스크립트를 적고 있는 구성요소를 의미합니다. 구성요소 자신을 지칭할 때는 이름을 부여하지 않고 this로 대체 가능합니다.

# 14 그래프 애니메이션(1)

- 그래프의 이동 관찰하기

number

## 한눈에 보기

학생들이 그래프 이동하기 버튼을 누르면 교사가 사전에 설정해놓은 그래프 이동을 관찰할 수 있습니다. 그래프의 평행이동 등과 같은 그래프 이동을 시각적으로 보여주어 학생의 이해를 도울 때 사용합니다.

[교사 화면]

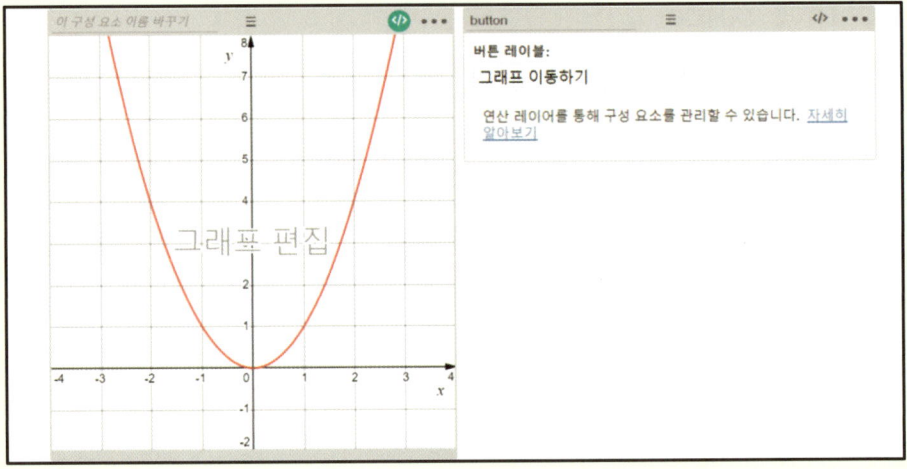

[학생 화면]

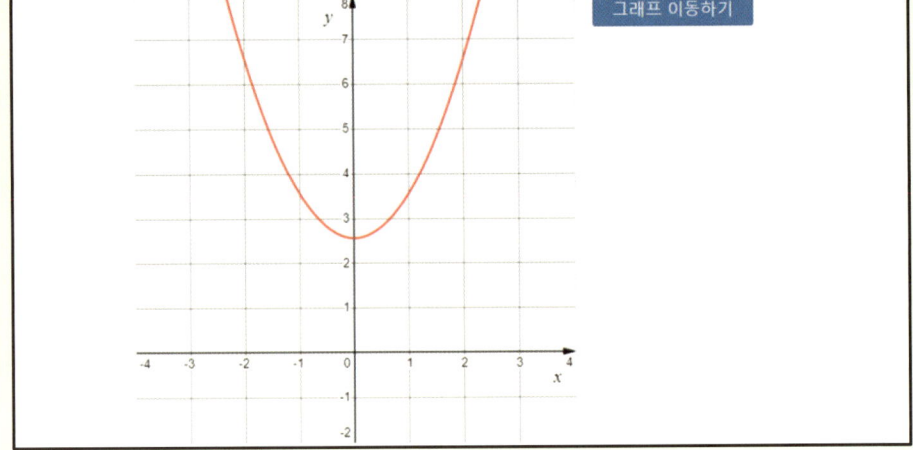

### Sink

number 는 현재 그래프 편집창의 변수를 정의하는 역할을 합니다. 현재는 버튼을 누른 후 지난 시간으로 변수를 정의하여 버튼을 누른 후 지난 시간만큼 그래프가 이동하도록 설정되었습니다.

### 제작해보기

1. '그래프'와 '행동 버튼(button)'을 생성하기
2. '그래프 편집'에서 이동량을 변수 $a$로, 이동되는 함수를 $y = x^2 + a$로 입력하기

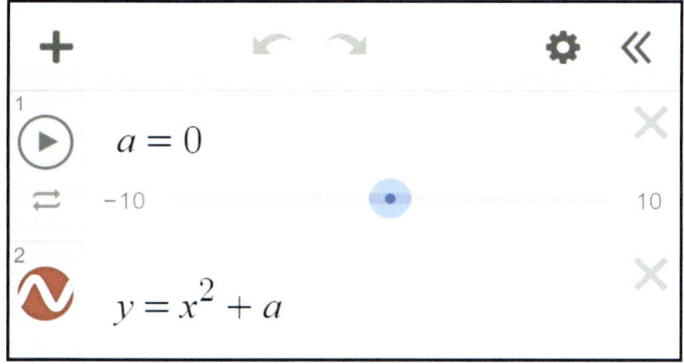

3. '행동 버튼'의 버튼 레이블에 '그래프 이동하기'를 입력하기
4. '그래프 스크립트'

```
1 number(`a`): button.timeSincePress()
```
1 변수 $a$를 button을 누른 후 지난 시간으로 정의

### TIP

1. timsSincePress( ) 의 괄호 안에 적는 숫자에 따라 그래프의 자취가 끝나는 시점이 정해집니다. 적지 않을 경우 그래프가 끝없이 그려집니다.

# 14 그래프 애니메이션(2)

- 그래프의 제한된 이동 관찰하기

## 한눈에 보기

그래프의 평행이동 등과 같은 그래프 이동을 시각적으로 보여주어 학생의 이해를 도울 때 사용합니다. 그래프의 이동 범위와 속도를 설정하고 싶을 때 사용하는 것으로, 사전에 설정한 제한된 영역에서만 그래프가 이동합니다.

[교사 화면]

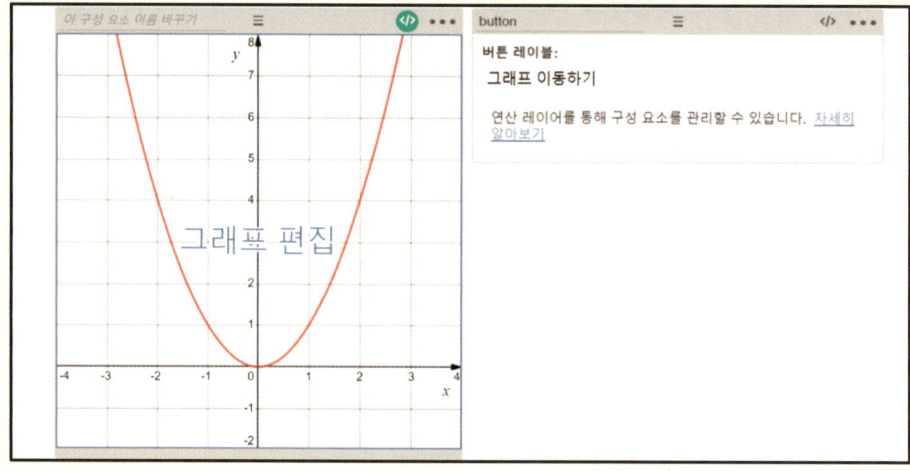

[학생 화면]

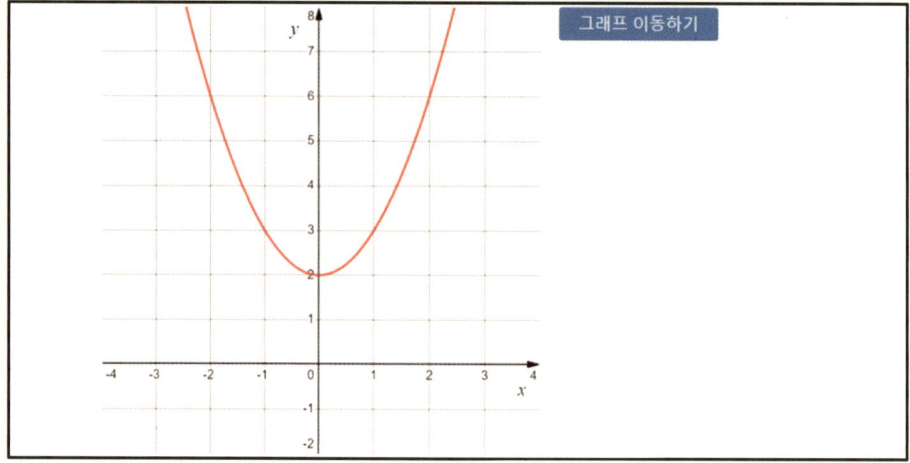

> Sink
>
> number 는 현재 그래프 편집창의 변수를 정의하는 역할을 합니다. 현재는 버튼을 누른 후 지난 시간으로 변수를 정의하여 버튼을 누른 후 지난 시간에 따라 그래프가 이동하도록 설정되었습니다.

## 제작해보기

1. '그래프'와 '행동 버튼(button)'을 생성하기
2. '그래프 편집'에서 변수 $a$를 입력하기
3. 이동량을 나타내는 변수 $b$를 $a$를 이용하여 $b = \begin{cases} 0 & (a \leq 0) \\ 2a & (0 < a \leq 1) \\ 2 & (a > 1) \end{cases}$로 설정하고, 이동되는 함수를 $y = x^2 + b$로 설정하기

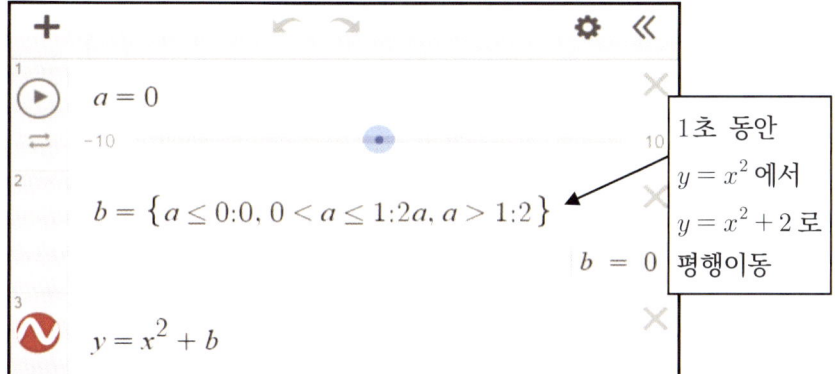

1초 동안 $y = x^2$ 에서 $y = x^2 + 2$ 로 평행이동

4. '행동 버튼'의 버튼 레이블에 '그래프 이동하기'를 입력하기
5. '그래프 스크립트'

```
1 number(`a`): button.timeSincePress()
```

1 변수 $a$를 button을 누른 후 지난 시간으로 정의

## TIP

1. 이동량을 나타내는 변수 $b$를 $a$를 이용하여 정할 때, $a$의 범위와 계수를 변경하면 각각 이동 시간과 이동 속도를 조절할 수 있습니다.
2. '그래프 편집창'과 '그래프 스크립트'에 아래와 같이 입력하여도 동일한 활동이 구성됩니다.

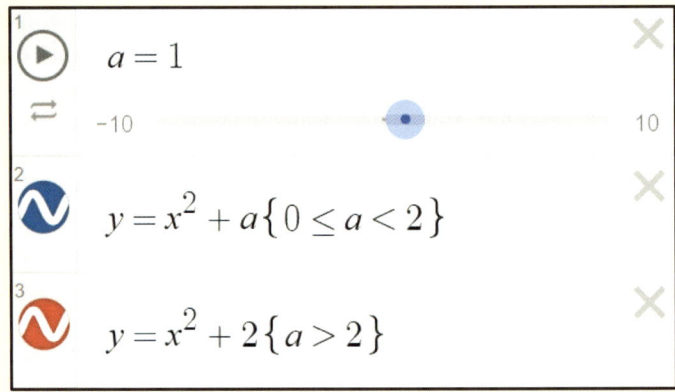

# 14 그래프 애니메이션(3)

- 그래프의 이동량 직접 조절하기

number

## 한눈에 보기

학생이 직접 $x$축 또는 $y$축으로 얼마만큼 평행이동할 지를 정하고, 그에 따른 변화를 그래프에서 즉각적으로 확인하는 활동입니다. 이를 통해 학생들이 평행이동의 개념을 익힐 수 있습니다.

[교사 화면]

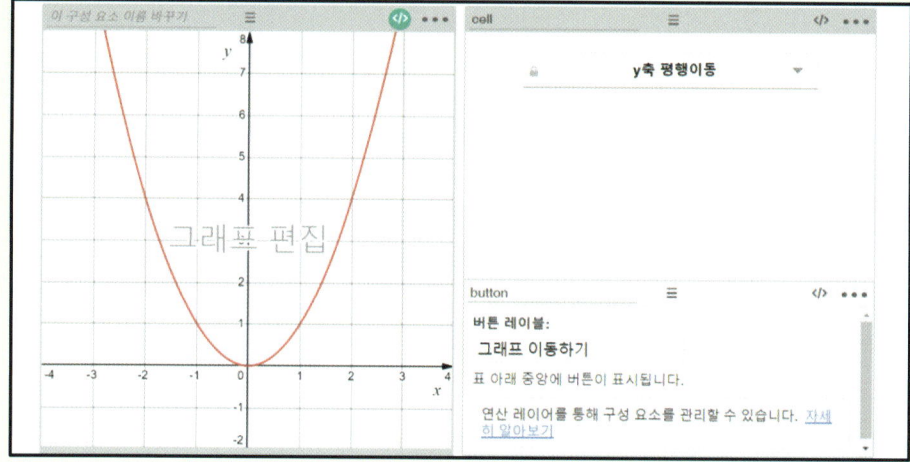

[학생 화면]

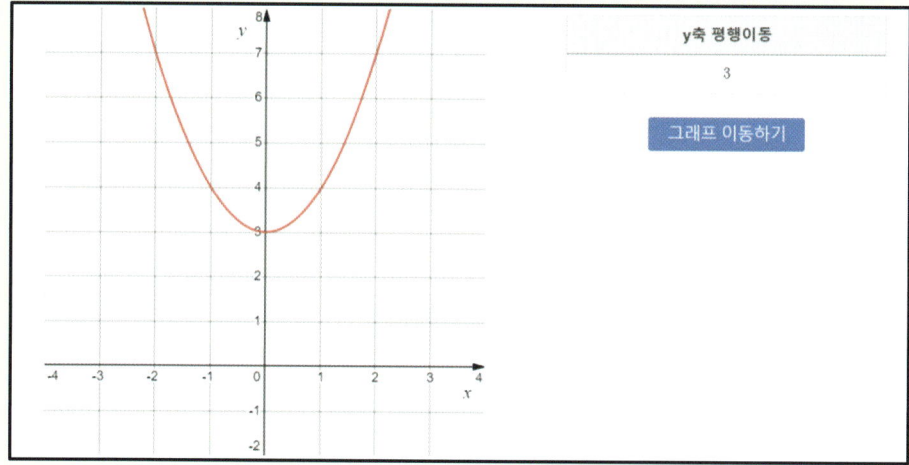

## Sink

number 는 현재 그래프 편집창의 변수를 정의하는 역할을 합니다. 변수 $b$를 표의 1행 1열에 작성되는 숫자로 정의하여 표에 입력한 숫자를 $y$절편으로 하는 이차함수로 평행이동 되도록 설정되었습니다.

## Source

**cellNumericValue(1,1)** 은 표의 1행 1열에 작성되는 숫자입니다.

## 제작해보기

1. '그래프', '표(cell)', '행동 버튼(button)'을 생성하기
2. '그래프 편집'에서 변수 $a$와 $b$를 입력하기
1. 이동량 $c$를 $a, b$를 이용하여 $c = \begin{cases} 0 & (a \leq 0) \\ ba & (0 < a \leq 1) \\ b & (a > 1) \end{cases}$ 로 설정하고, 이를 이용하여 이동하는 함수 $y = x^2 + c$를 입력하기

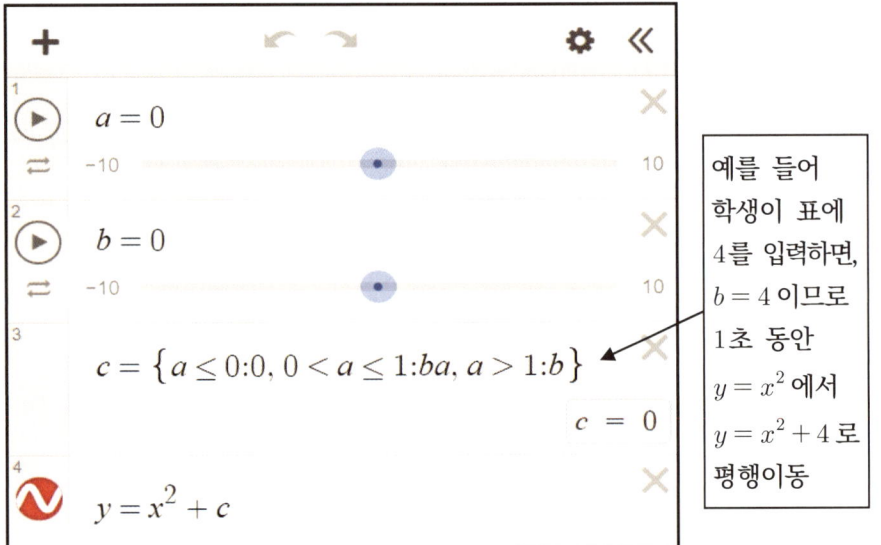

예를 들어 학생이 표에 4를 입력하면, $b = 4$ 이므로 1초 동안 $y = x^2$ 에서 $y = x^2 + 4$ 로 평행이동

4. '표'에 평행이동할 값이 입력될 칸을 만들기

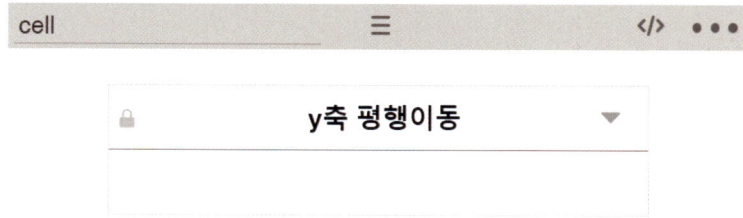

5. '행동 버튼'의 버튼 레이블에 '그래프 이동하기'를 입력하기
6. '그래프 스크립트'

```
1 number(`a`): button.timeSincePress()
2 number(`b`): cell.cellNumericValue(1,1)
```

1 변수 $a$를 button을 누른 후 지난 시간으로 정의
2 변수 $b$를 표의 1행 1열에 작성되는 숫자로 정의

**TIP**

1. '그래프 편집창'과 '그래프 스크립트'에 아래와 같이 입력하여도 동일한 활동이 구성됩니다.

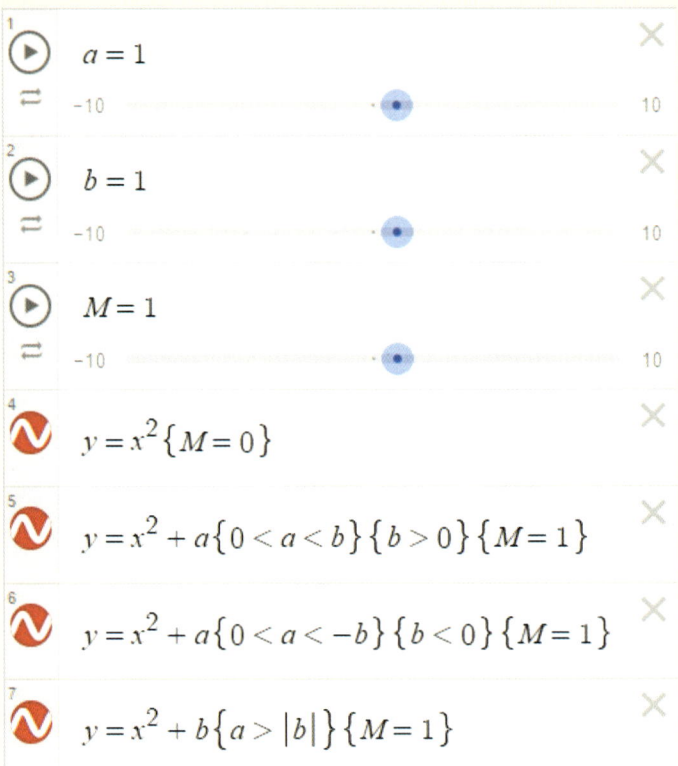

```
1 number(`a`):button.timeSincePress()
2 number(`b`):cell.cellNumericValue(1,1)
3 number(`M`):when button.timeSincePress()>0 1 otherwise 0
```

- 비슷한 활동은 p. 153을 참고하시기 바랍니다.

# 15 그림판 배경 설정하기

background

## 한눈에 보기

학생이 그린 그림을 새로운 그림판의 배경으로 설정할 수 있습니다. 학생이 수행한 결과를 바탕으로 새로운 활동을 하거나 정답을 확인할 때 유용하게 활용할 수 있습니다.

[교사 화면]

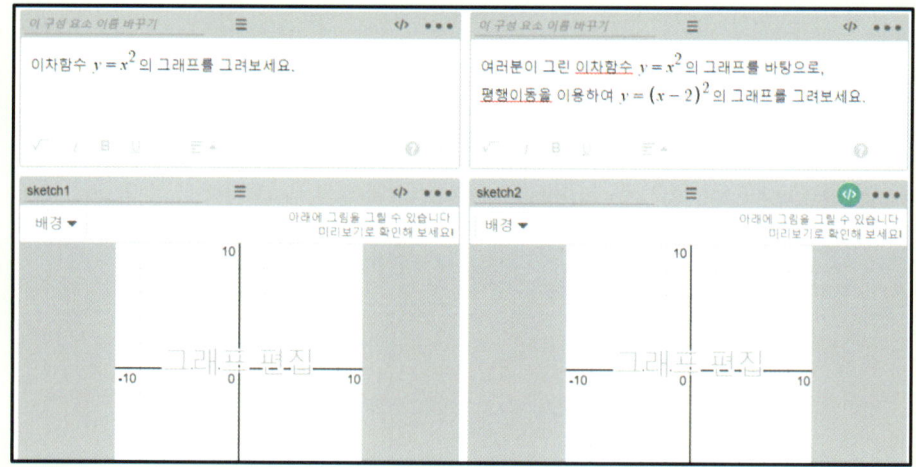

[학생 화면]

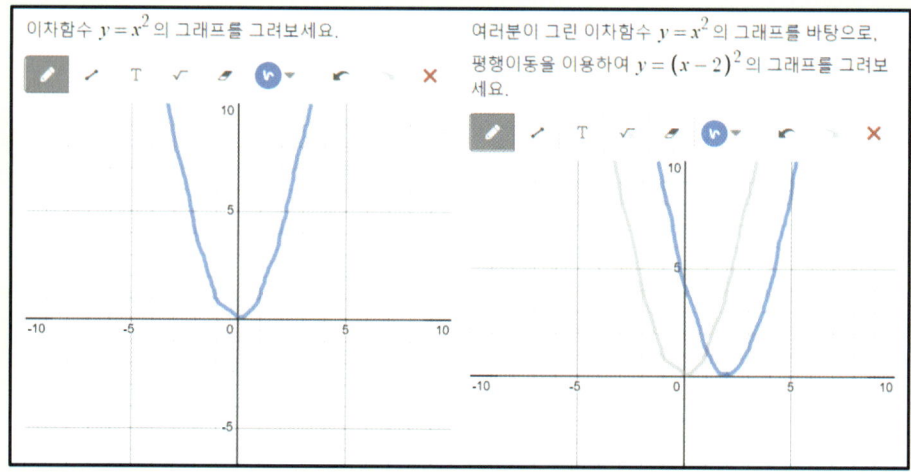

## Sink

background 는 그래프와 그림판의 배경을 설정할 때 사용합니다.
graphLayer 는 다른 그래프 창에 있는 그래프를 배경으로 설정할 때 사용하고,
sketchLayer 는 다른 그림판에 그린 그림을 배경으로 설정할 때 사용합니다.

## 제작해보기

1. '메모', '그림판(sketch1)', '그림판(sketch2)'을 생성하기
2. '그림판(sketch2) 스크립트'

```
1 background: sketchLayer(sketch1.sketch.setColor(rgb(187,187,187)))
```

1 sketch1에 그린 그림을 이 구성요소(sketch2)의 배경으로 설정하고 배경의 rgb는 (187,187,187)로 설정

### TIP

1. 배경으로 사용할 구성요소가 다른 슬라이드에 있더라도 배경으로 불러올 수 있습니다.
2. 예시처럼 스크립트에서 setColor를 이용하여 배경의 색을 설정하면 그래프를 따라 그리거나, 정답을 확인하는 용도로 사용할 때 유용합니다.

```
1 background: sketchLayer(sketch2.sketch.setColor(rgb(0,0,255)))
```

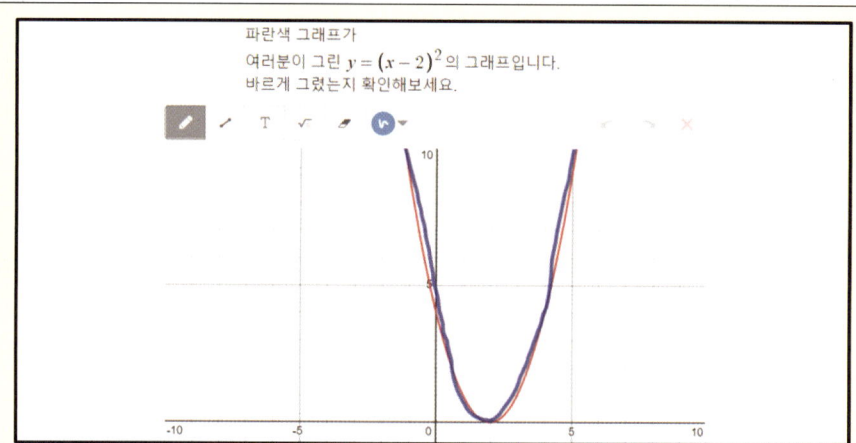

# 16 움직이는 점 캡처하기

capture, numberList

## 한눈에 보기

버튼을 누를 때마다 그래프 위의 점을 캡처하는 기능입니다. 학생들이 대상의 자취를 그리거나 대상을 탐색할 때 사용할 수 있습니다.

[교사 화면]

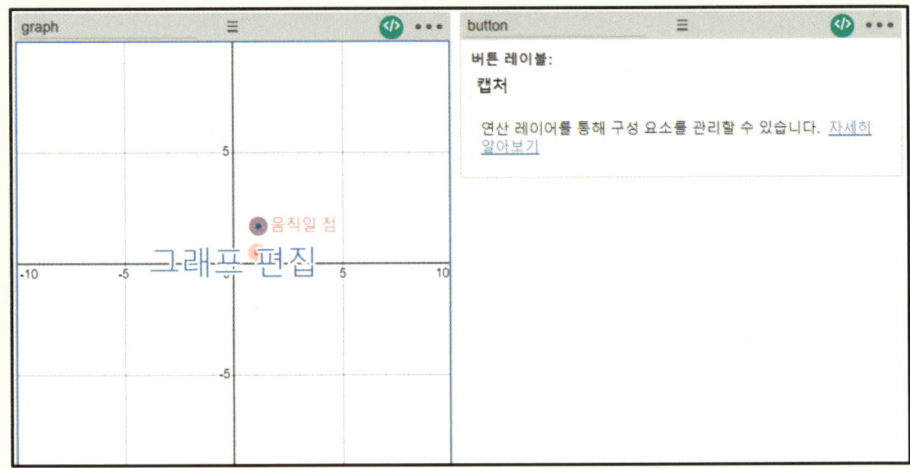

[학생 화면]

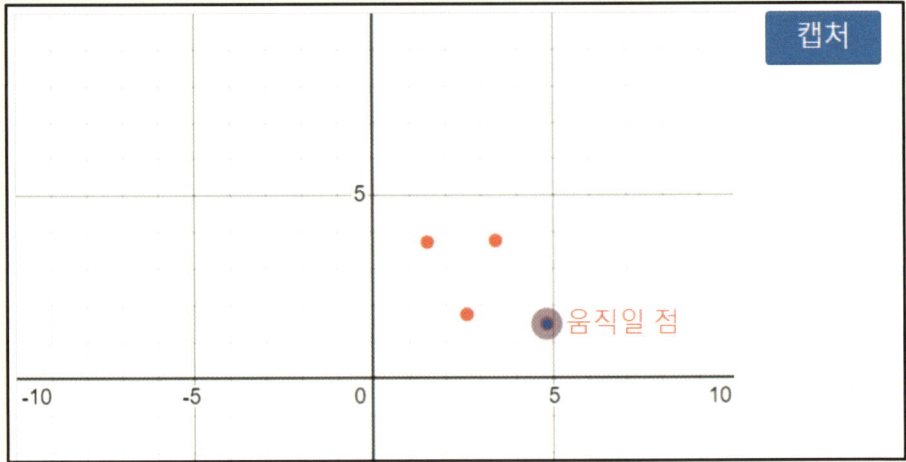

## Sink

**capture** 는 숫자 값을 저장하는 역할을 하며 주로 행동 버튼에서 사용 가능합니다. 저장된 데이터를 불러올 때는 history를 통해 숫자열을 불러오거나 last value를 통해 마지막 값만을 불러올 수 있습니다.

**numberList** 는 숫자 목록을 정의할 때 사용합니다.

## 제작해보기

1. '그래프(graph)'와 '행동 버튼(button)'을 생성하기
2. '그래프 편집'에서 자유롭게 움직일 점을 $(p, q)$로, 캡처되어 나타날 점을 $(a, b)$로 입력하고 $[a]$, $[b]$를 입력해 리스트를 만들기

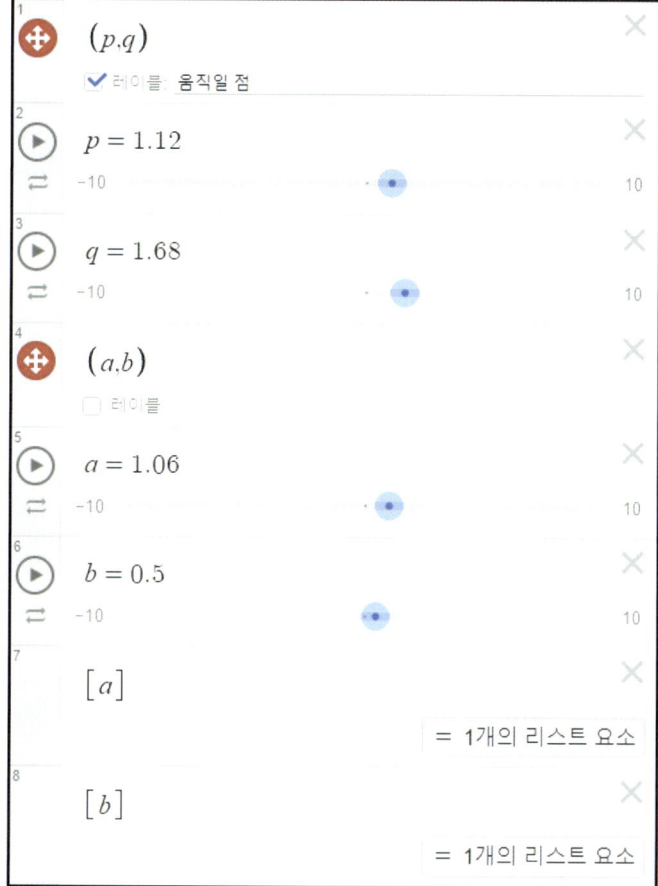

3. '행동 버튼(button) 스크립트'

```
1 capture("저장목록1"): graph.number(`p`)
2 capture("저장목록2"): graph.number(`q`)
```

1 button을 누를 때마다 저장목록1에 graph의 숫자 $p$(움직일 점의 $x$좌표)를 캡처하여 저장

2 button을 누를 때마다 저장목록2에 graph의 숫자 $q$(움직일 점의 $y$좌표)를 캡처하여 저장

4. '그래프(graph) 스크립트'

```
1 numberList(`a`): button.history("저장목록1")
2 numberList(`b`): button.history("저장목록2")
```

1 넘버리스트 $a$를 button의 저장목록1에 저장된 값들을 추가하는 것으로 정의

2 넘버리스트 $b$를 button의 저장목록2에 저장된 값들을 추가하는 것으로 정의

**TIP**

1. $(p,q)$를 $(p,p^2)$으로 바꾸고 앞에서 배운 애니메이션 기능을 이용해봅시다. 이때, 스크립트에 있는 $q$도 $p^2$으로 바꾸어야 합니다.

# 제 3장
# 피드백 기능

 **입력한 내용을 문장에 추가하기**

content

## 한눈에 보기

학생들이 입력한 단어나 숫자를 교사가 미리 입력한 발문에 포함하는 기능입니다. 학생들의 이름을 입력받아 수업 진행 시 사용하거나 학생들이 입력한 답변을 이용해 추가 질문을 하는 등 다양하게 응용할 수 있습니다.

[교사 화면]

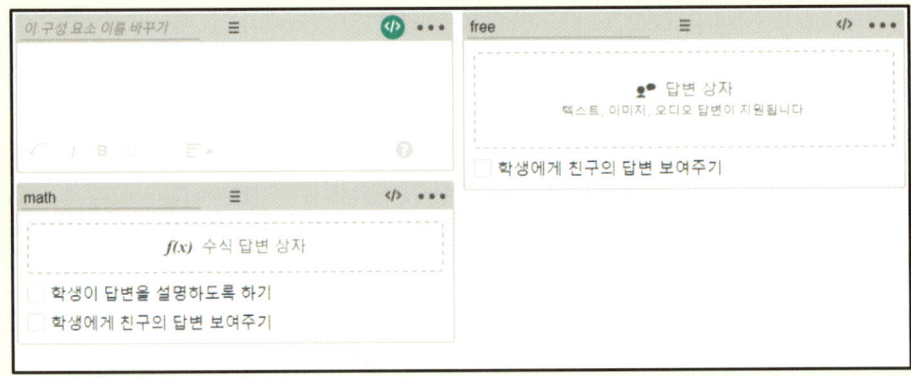

[학생 화면]

2부 DESMOS 필수 기능 익히기

## Sink

content 는 메모의 내용을 스크립트에서 입력하는 역할을 합니다. 메모에 직접 내용을 입력해도 되지만 content 를 사용하면 학생이 입력한 소스를 사용하거나 when 을 이용해 상황에 따라 다른 내용 나타내기(p. 66 ) 등 다양한 변화를 줄 수 있어 수업에 유용합니다.

학생이 입력한 소스를 사용할 때 수식 답변은 latex, 자유 답변은 content라고 한다는 점을 유의하세요.

## 제작해보기

1. '메모', '수식 답변(math)', '자유 답변(free)'을 생성하기
2. '메모 스크립트'

```
1 content: when math.submitted and free.submitted
2 "${math.latex}반의 ${free.content}아 안녕!"
3 otherwise "반, 이름을 각각 입력해줄래?"
```

1 math가 제출되고 free가 제출됐을 때

2 ${math.latex}반의 ${free.content}아 안녕!"을 메모에 표시

3 그 외에는 "반, 이름을 각각 입력해줄래?"를 메모에 표시

## TIP

1. ${ } 는 { }의 입력 내용을 의미합니다.
   학생이 math에 7을 입력했다면 ${math.latex} = 7
2. 만약 학생이 입력한 수식의 결과값을 가져오고 싶다면 numericValue를 사용하면 됩니다.

```
1 content: "내 점수 평균은=${numericValue(mr.latex)}"
```

# 18  수식, 순서쌍 나타내기(1)

- $y = f(x)$ 꼴의 함수

function

### 한눈에 보기

$y = f(x)$ 꼴의 함수를 입력하면 그 함수의 그래프가 나타나는 활동입니다. 다양한 형태의 그래프를 자유롭게 탐색하고 이를 통해 그래프 개형이나 성질을 알고자 할 때 유용합니다.

[교사 화면]

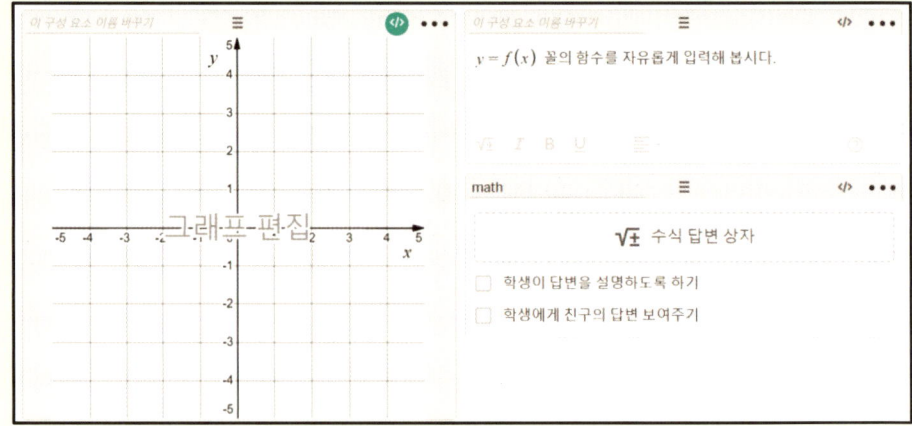

[학생 화면]

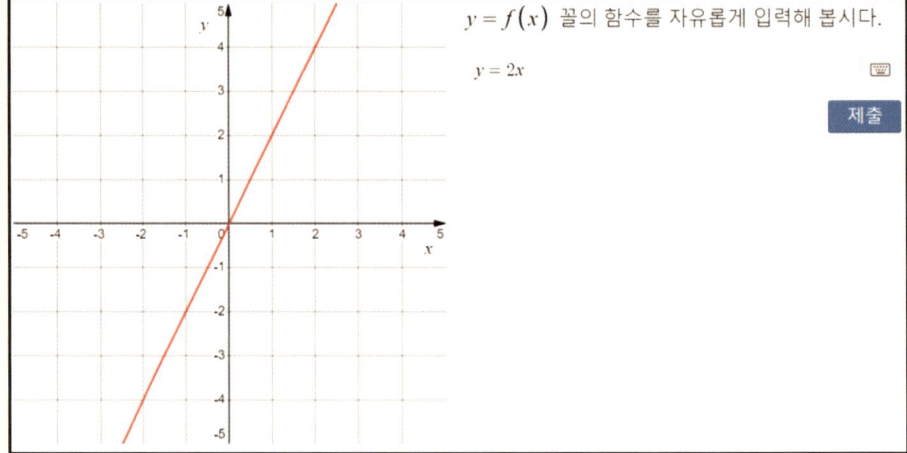

## Sink

function(`f`): simpleFunction(□,"x") 는 함수 f를 □에 적힌 $x$에 관한 단순 함수(simple function)로 설정하는 역할을 합니다.

함수식을 입력하는 곳이 '수식 답변(math)'일 경우에는 □에 'math.latex', '표(cell)의 1행 2열'일 경우에는 □에 'cell.cellContent(1,2)'를 씁니다. 이때 학생이 입력한 소스를 사용할 때 수식 답변은 latex라고 하고 cellContent(1,2)는 표에서의 1행 2열의 내용을 텍스트로 인식합니다.

## 제작해보기

1. '그래프'와 '수식 답변(math)'을 생성하기
2. '그래프 편집'에서 $f(x)$를 입력하기

3. '그래프 스크립트'

```
1 function(`f`): simpleFunction(math.latex, "x")
```
1 함수 f를 math에 입력된 수식인 $x$에 대한 단순함수로 정의

## TIP

1. 입력창에 $2x$와 같이, 함수 $y = f(x)$의 $f(x)$ 부분만 입력해도 해당 그래프가 그려집니다.
2. 그래프 편집창에 뜨는 주황색 경고 표시는 무시해도 됩니다.

# 18) 수식, 순서쌍 나타내기(2)

- $0 = f(x, y)$ 꼴의 함수

function

### 한눈에 보기

$0 = f(x, y)$ 꼴의 함수를 입력하면 그 함수의 그래프가 나타나는 활동입니다. 다양한 형태의 그래프를 자유롭게 탐색하고 이를 통해 그래프 개형이나 성질을 알고자 할 때 유용합니다.

[교사 화면]

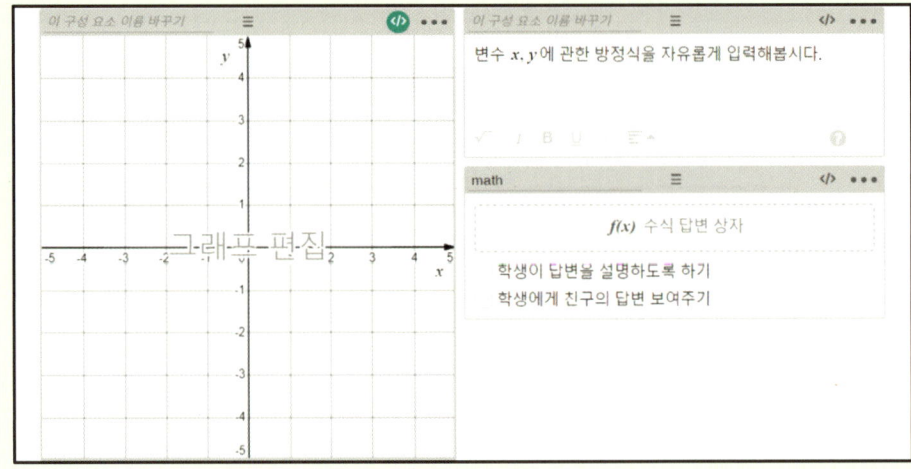

[학생 화면]

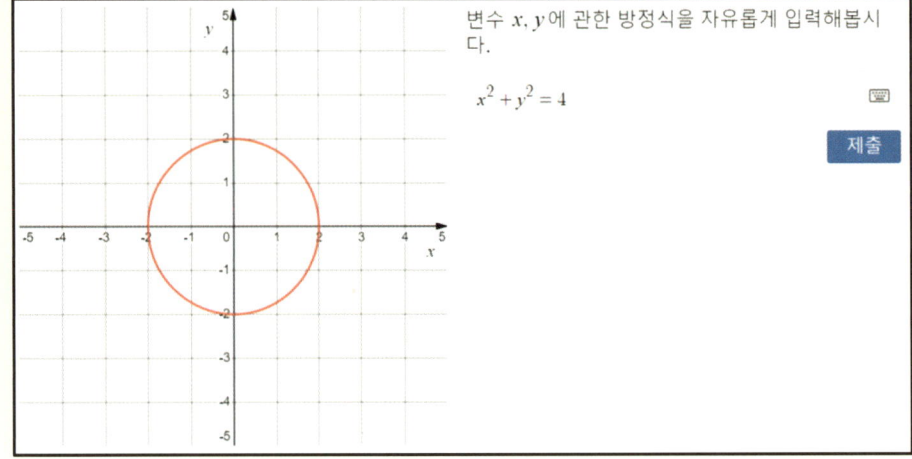

> **Sink**

function(`f`): parseEquation(□).differenceFunction("x", "y") 는 함수 $f$를 □에 적힌 방정식에서 얻어진 $x, y$에 대한 차이 함수(difference function)로 정의하는 역할을 합니다.

이때, 차이 함수(difference function)는 □에 적힌 방정식의 우변에서 좌변을 빼는 역할을 합니다. [ 예시 : $x^2 + y^2 = 4$ → $f(x,y) = 4 - (x^2 + y^2)$ ]

앞선 활동(p. 111)에서 설명했듯이, □는 방정식을 입력하는 곳에 따라 다르게 설정됩니다.

> **제작해보기**

1. '그래프'와 '수식 답변(math)'을 생성하기
2. '그래프 편집'에서 $0 = f(x, y)$를 입력하기

3. '그래프 스크립트'

```
1 function(`f`):parseEquation(math.latex).differenceFunction("x", "y")
```

1 함수 f를 math에 입력된 수식에 적힌 방정식에서 얻어진 $x, y$에 대한 차이 함수로 정의

# 18) 수식, 순서쌍 나타내기(3)

― 순서쌍

number, parseOrderedPair

## 한눈에 보기

순서쌍을 입력하면 그 순서쌍을 좌표로 하는 점이 좌표평면상에 나타나는 활동입니다. 다양한 형태의 순서쌍을 자유롭게 탐색하고자 할 때 유용합니다.

[교사 화면]

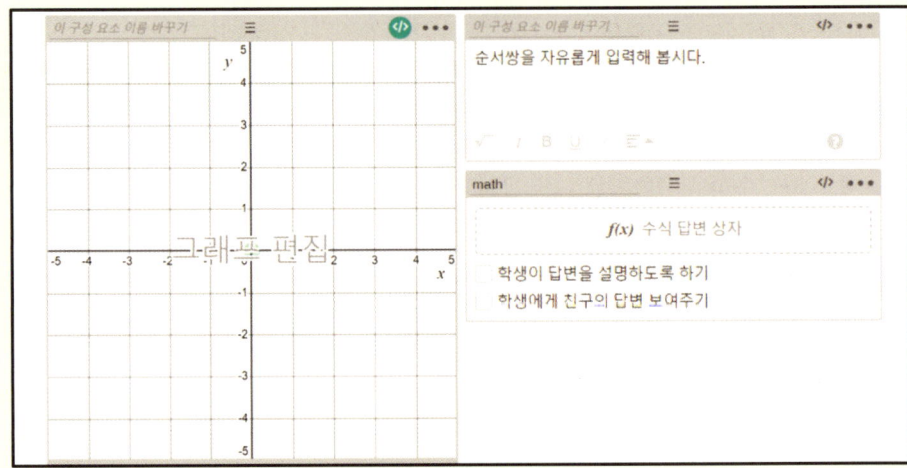

[학생 화면]

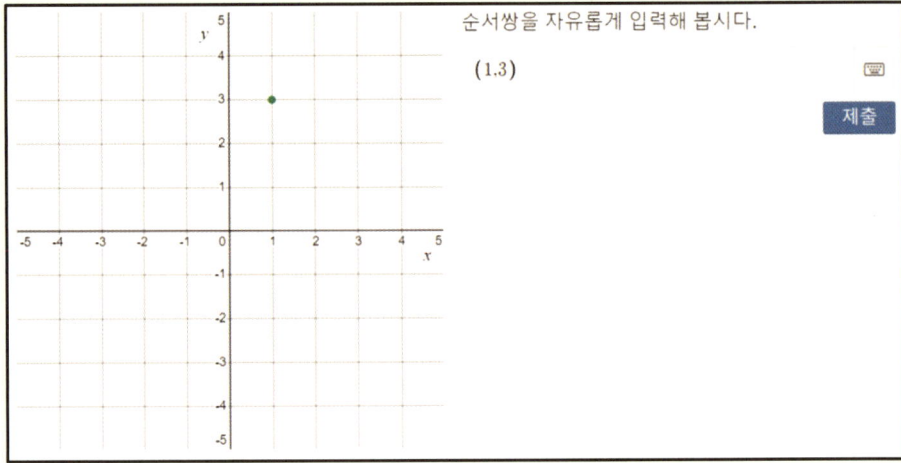

> **Source**

□=parseOrderedPair(math.latex) 는 수식 답변에 적힌 순서쌍을 □로 설정하는 것입니다. 이때 □는 임의로 설정한 것으로, A와 같이 자유롭게 원하는 문자로 설정하면 됩니다.

## 제작해보기

1. '그래프'와 '수식 답변(math)'을 생성하기
2. '그래프 편집'에서 순서쌍 $(a, b)$를 입력하기

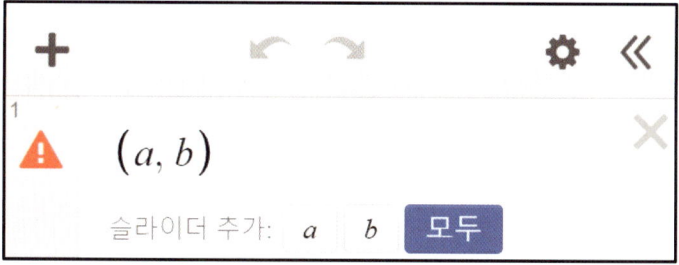

3. '그래프 스크립트'

```
1 A=parseOrderedPair(math.latex)
2 number(`a`): numericValue(A.x)
3 number(`b`): numericValue(A.y)
```

1 A를 math에 입력된 수식에 적힌 순서쌍으로 정의
2 변수 $a$를 A(수식 답변에 작성한 순서쌍)의 $x$좌표로 정의
3 변수 $b$를 A(수식 답변에 작성한 순서쌍)의 $y$좌표로 정의

## TIP

1. 그래프 편집창에 순서쌍 $(a, b)$만 입력해도 되고, 슬라이더 추가를 해도 됩니다.
2. placeholderLatex와 placeholderText는 각각 수식 답변란에 입력해야 할 수식 형태와 자유 답변란에 입력해야 할 텍스트 형식을 정하는 역할을 합니다. 이 두 기능은 답변 예시를 알려주고자 할 때 유용합니다.

- 제작 순서
 : placeholderLatex, placeholderText는 각각 '수식 답변 스크립트'와 '자유 답변 스크립트'에서 아래와 같이 작성하기

```
1 placeholderLatex: "(x,y)"
```

```
1 placeholderText: "순서쌍을 적으세요."
```

[학생 화면]

# 19 선택지에 맞는 그래프 나타내기

number

## 한눈에 보기

각 선택지를 선택하면 선택지에 해당하는 함수가 그래프에 표시됩니다. 그래프를 즉각적으로 확인하여 학생들이 다양한 식과 상황을 탐구할 수 있습니다.

[교사 화면]

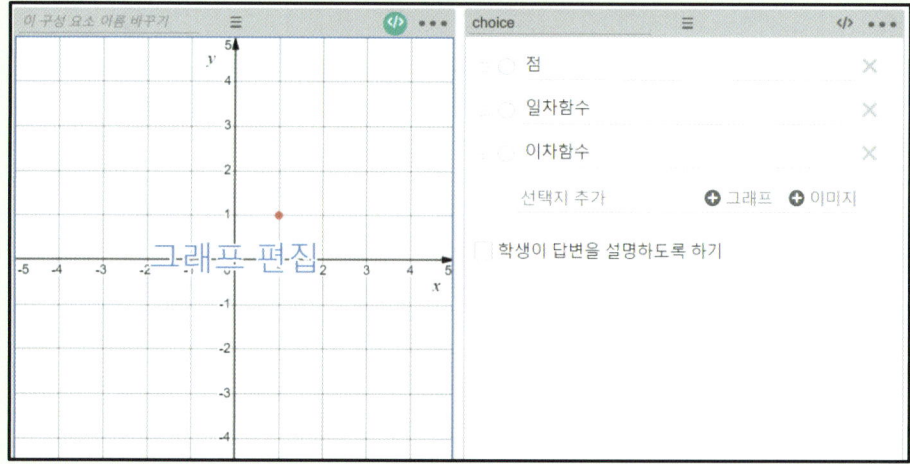

[학생 화면]

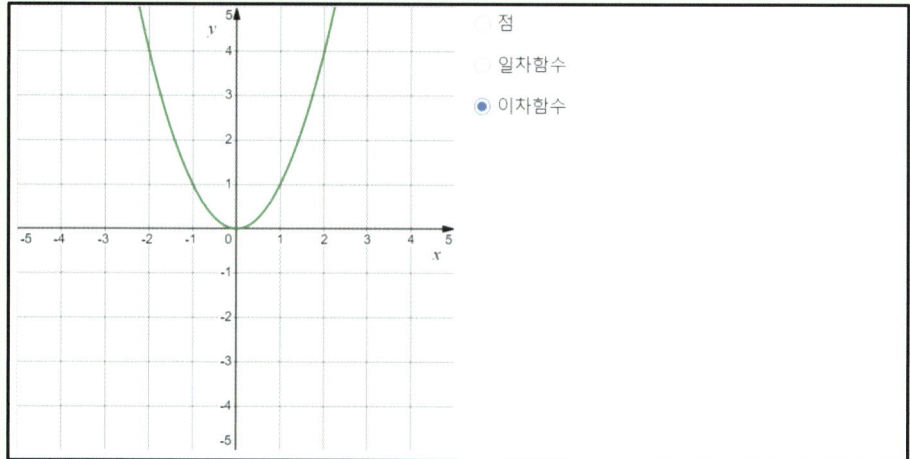

## 제작해보기

1. '그래프'와 '객관식문제(choice)'를 생성하기
2. 객관식 문제의 선택지에 점, 일차함수, 이차함수를 입력하기

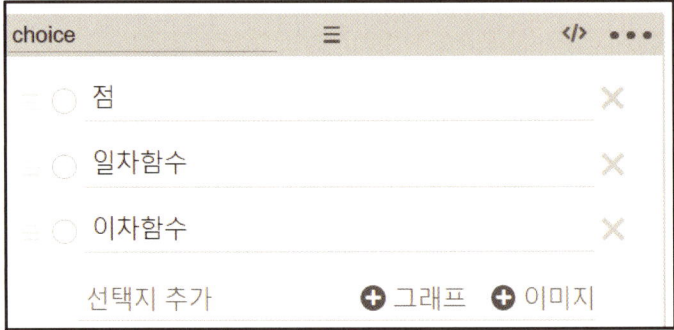

3. '그래프 편집'에서 M과 선택지에 해당하는 점, $y=x$, $y=x^2$을 입력한 후 각각의 그래프가 나타날 조건을 함께 입력해주기

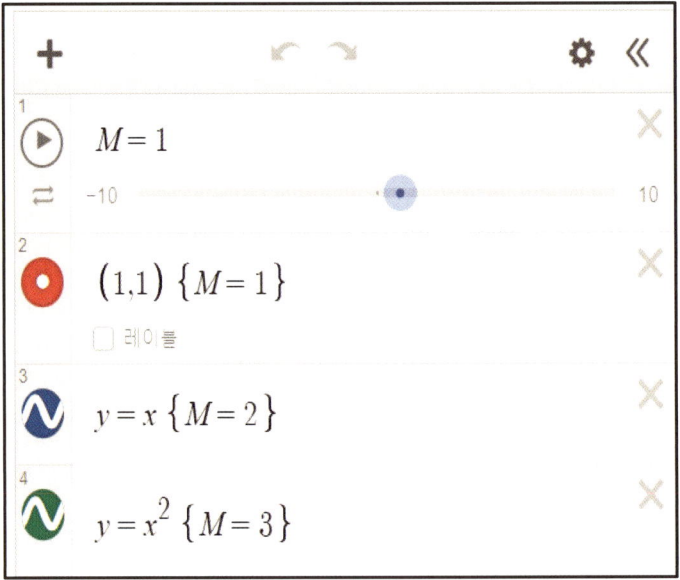

4. '그래프 스크립트'

```
1  number(`M`): when choice.isSelected(1) 1
2               when choice.isSelected(2) 2
3               when choice.isSelected(3) 3 otherwise 0
```

1 숫자 M을 다음과 같이 정의: choice가 1번으로 선택됐을시 1,

2 choice가 2번으로 선택됐을시 2,

3 choice가 3번으로 선택됐을시 3, 그 외에는 0

 # 버튼을 이용한 힌트 제공하기

style, label, hidden, content

## 한눈에 보기

학생들이 버튼을 누를 때마다 다른 내용의 힌트가 나타나 단계별로 힌트를 제공할 수 있습니다. 학생들이 문제를 해결하는 데 있어 어려움을 느낄 때 힌트 버튼을 활용해 스스로 문제를 해결하게 합니다.

[교사 화면]

[학생 화면]

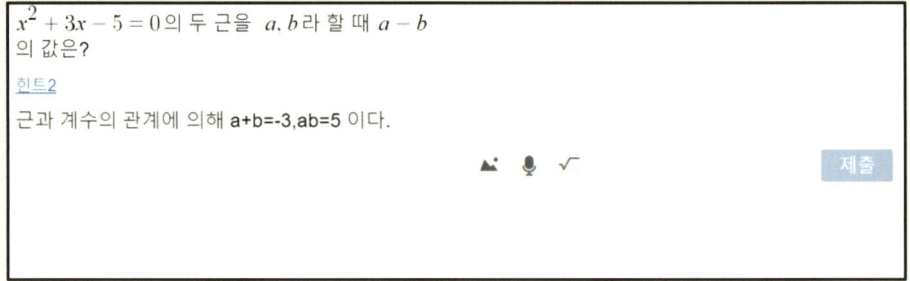

## Sink

label 은 행동 버튼 요소에서 사용 가능하며 특정 조건에 따라 이름을 바꿀 수 있습니다.

style 은 행동 버튼 요소에서 사용 가능하며 버튼의 색깔 및 스타일을 지정할 수 있습니다.

| 예시 |
|---|
| 1 style: when this.pressCount=0 buttonStyles.default<br>　　otherwise buttonStyles.red |
| 버튼이 한 번도 눌리지 않을 때는 기본값인 파란 버튼, 그 외에는 빨간 버튼으로 지정한다는 뜻입니다 |

buttonStyles로 쓸 수 있는 형식에는 default(기본 버튼), red(빨간 버튼), link(파란 밑줄 버튼), white(하얀색 버튼)이 있습니다.

## 제작해보기

1. '메모', '행동 버튼(button)', '메모(memo)', '자유 답변'을 생성하기
2. '메모'에 문제를 입력하고 '행동 버튼(button)' 레이블에 '힌트'라고 입력하기

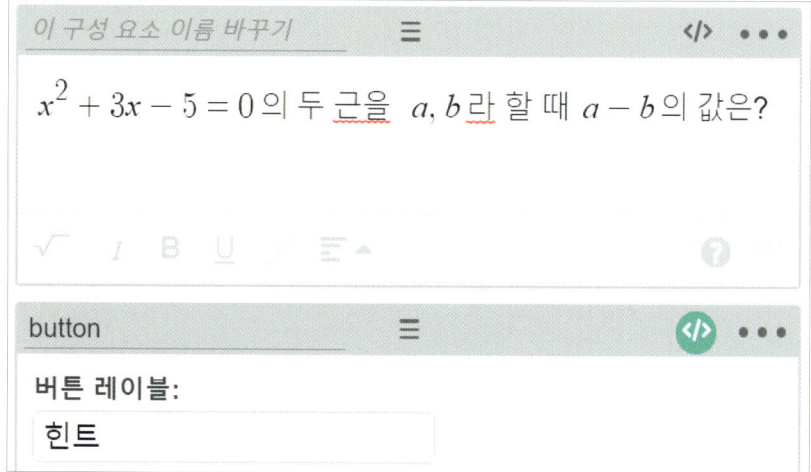

3. '행동 버튼(button) 스크립트'

```
1 style: buttonStyles.link
2 label: when this.pressCount=1 "힌트2" when this.pressCount=2 "힌트3" otherwise "힌트1"
3 hidden: this.pressCount>2
```

1 버튼 스타일을 파란 밑줄 버튼으로 설정

2 버튼의 이름을 button을 1번 누르면 '힌트2', 2번 누르면 '힌트3', 그 외에는 '힌트1'로 설정

3 이 버튼은 button이 3번 이상 눌러지면 숨겨짐

4. '메모(memo) 스크립트'

```
1 content: when button.pressCount=1 "근과 계수의 관계에 의해 a+b=-3,ab=5 이다."
2          when button.pressCount=2 "(a-b)^2=(a+b)^-4ab" otherwise ""
```

1 메모의 내용은 button을 1번 누르면 "근과 계수의~ "

2 2번 누르면 "(a-b)^2~ ", 그 외에는 아무것도 없음으로 정의

# 3부
# DESMOS 응용 기능 알아보기

#  랜덤으로 함수 생성하기

randomGenerator, number

### 한눈에 보기

버튼을 누르면 랜덤으로 그래프가 그려지도록 하여 함수를 생성할 수 있습니다.
랜덤으로 만들어진 그래프의 식을 스스로 구해보게 할 수 있습니다.

[교사 화면]

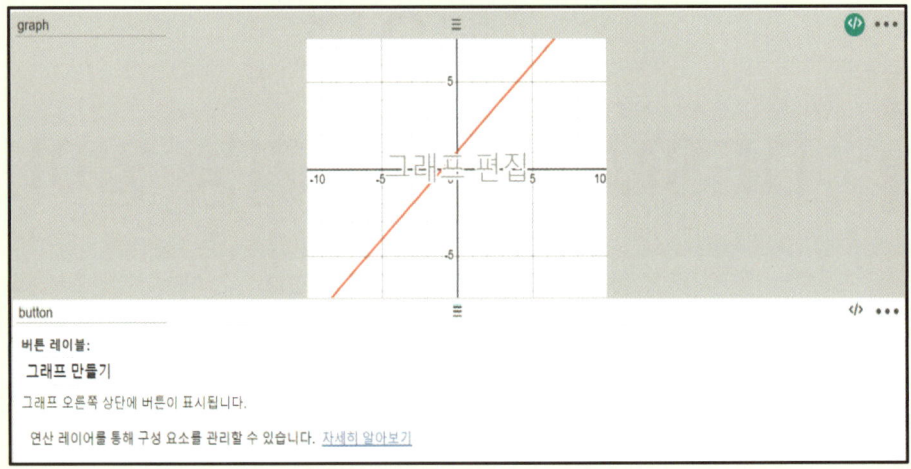

[학생 화면]

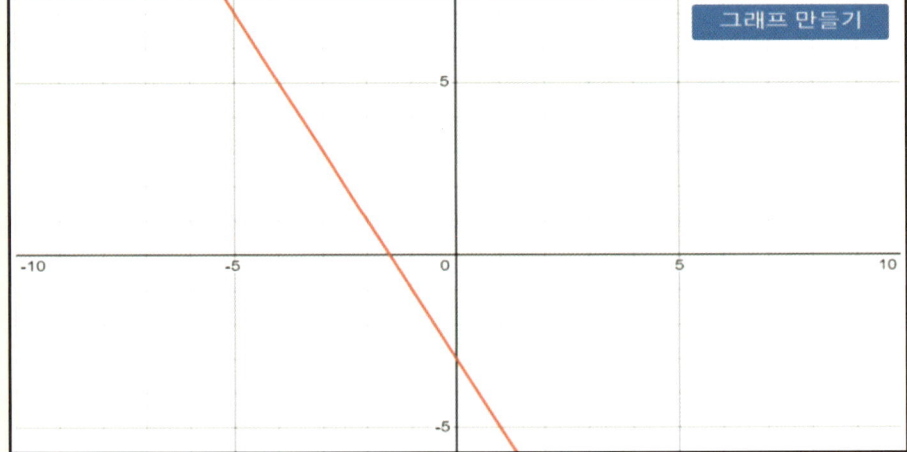

> Sink

number 는 변수를 정의할 때 사용합니다.
여기에서는 $y = ax + b$의 $a$와 $b$를 $-4$와 $4$ 사이의 임의의 정수로 정의합니다.
randomGenerator는 변수를 랜덤으로 생성할 때 사용합니다.
여기에서는 행동 버튼을 누를 때마다 $r$의 값이 랜덤으로 생성됩니다.

## 제작해보기

1. '그래프(graph)'와 '행동 버튼(button)'을 생성하기
2. '그래프 편집'에서 $y = ax + b$ 입력하기

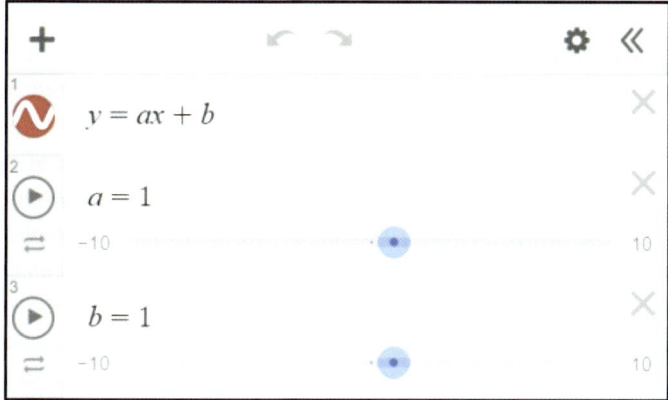

3. '행동 버튼'의 버튼 레이블에 '그래프 만들기'를 입력하기
4. '그래프 스크립트'

```
1 r=randomGenerator(button.pressCount)
2 number(`a`):r.int(-4,4)
3 number(`b`):r.int(-4,4)
```

1 r을 행동 버튼(button)을 누를 때마다 랜덤으로 변수를 생성하는
  랜덤생성기로 정의
2 변수 $a$를 r을 이용하여 $-4$이상 $4$이하의 정수로 정의
3 변수 $b$를 r을 이용하여 $-4$이상 $4$이하의 정수로 정의

**TIP**

1. 임의의 실수로 만들고 싶다면, int 대신 float를 사용하면 됩니다.
2. 예시의 a와 b처럼 여러 개의 변수를 설정하면, 각각 랜덤으로 생성됩니다.

# 22 스크립트에서 연산하기

content

## 한눈에 보기

스크립트를 이용해 간단한 계산을 수행하거나 함숫값을 연산하여 보여줍니다. 여기에서는 학생이 입력한 $a$와 $b$의 값으로 $a^2 - \sqrt{b}$ 의 값을 자동으로 계산한 결과를 보여줍니다.

[교사 화면]

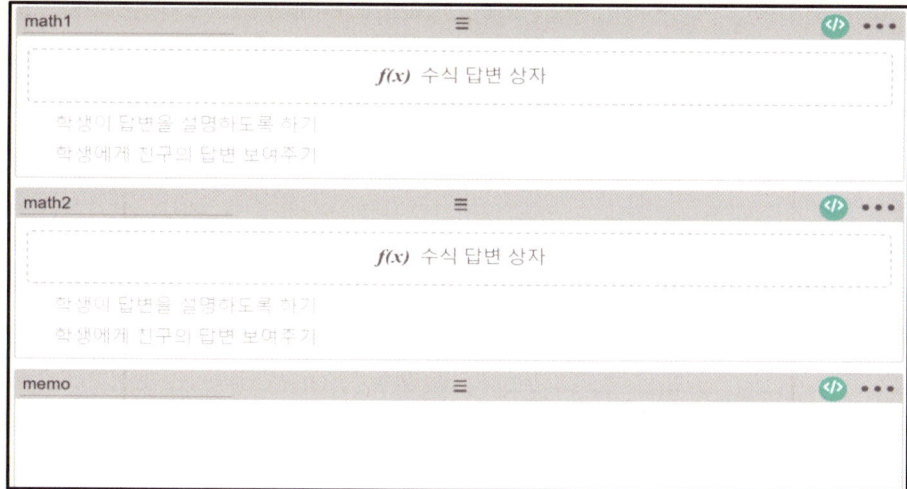

[학생 화면]

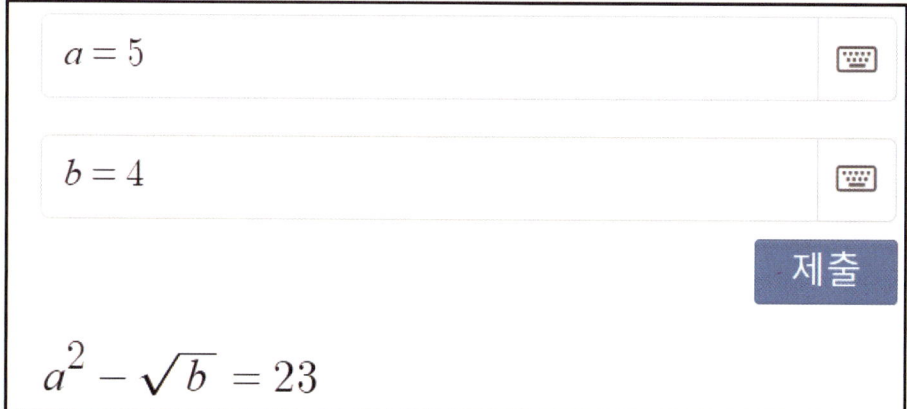

> **Sink**
>
> content 는 구성요소의 내용을 나타낼 때 사용합니다.
> 이번 활동에서는 simpleFuction, evaluateAt 과 함께 사용하여 계산된 함숫값을 나타냅니다. simpleFuction은 다음의 순서로 작성합니다.
> simpleFuction("계산 함수", "변수1", "변수2").evaluateAt(변수1의 값, 변수2의 값)

## 제작해보기

1. '수식 답변(math1, math2)'과 '메모(memo)'를 생성하기
2. '수식 답변(math1) 스크립트'

```
1 initialLatex: `a=`
```

| 1 수식 답변 창에 '$a=$'를 미리 입력해 놓음 |
|---|

3. '수식 답변(math2) 스크립트'

```
1 initialLatex: `b=`
```

| 1 수식 답변 창에 '$b=$'를 미리 입력해 놓음 |
|---|

4. '메모 스크립트'

```
1 content:
2 `a^{2}-\sqrt{b}=${simpleFunction("a^{2}-\sqrt{b}","a","b")
3 .evaluateAt(math1.numericValue, math2.numericValue)}`
```

| 1 메모에 나타낼 내용 |
|---|
| 2 $a^2-\sqrt{b}=$첫 번째 변수가 $a$, 두 번째 변수가 $b$일 때 함수 $a^2-\sqrt{b}$의 값 |
| 3 첫 번째 변수는 math1에 입력된 값, 두 번째 변수는 math2에 입력된 값 |

## TIP

1. 변수 한 개로 된 함숫값을 계산할 때는 다음과 같이 스크립트에 적으면 됩니다.

| 예시 |
|---|
| 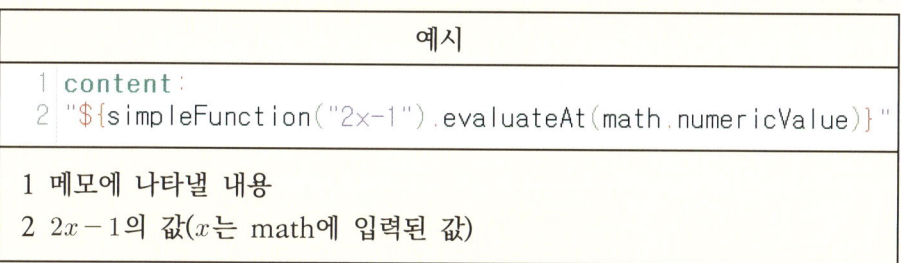 |
| 1 메모에 나타낼 내용<br>2 $2x-1$의 값($x$는 math에 입력된 값) |

2. simpleFunction("계산 함수", …)에서 "계산 함수"는 '메모'에서 수식으로 입력 후 복사, 붙여넣기 하면 쉽게 입력할 수 있습니다.

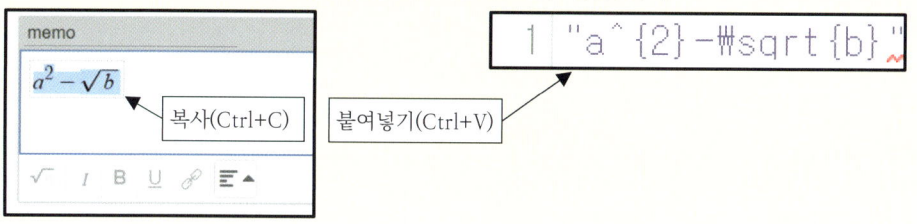

# 23 정답 확인하기(1)

- 수식 답변

correct

## 한눈에 보기

학생들이 입력한 답변이 정답인지 그 여부를 표시해주는 기능입니다.

[교사 화면]

$y = 3x + 6$의 $x$절편은?

√± 수식 답변 상자

[학생 화면]

정답 확인하기(1)-수식 답변

$y = 3x + 6$의 $x$절편은?

$-2$

제출

## 제작해보기

1. '메모'와 '수식 답변'을 생성하고 '메모'에 문제 입력하기
2. '수식 답변 스크립트'

| `1 correct: this.latex="-2"` |
|---|
| 1 이 답변의 수식이 -2면 정답으로 설정 |

# 23 정답 확인하기(2)

— 표

cellContent, cellNumericValue

> 한눈에 보기

표에 학생이 입력한 답에 따라 정답 여부를 표시해주거나 피드백을 주는 기능입니다.

[교사 화면]

| $x$ | $y = 2x - 1$ | 확인 |
|---|---|---|
| 0 | | cellContent |
| 1 | | cellContent |

[학생 화면]

| $x$ | $y = 2x - 1$ | 확인 |
|---|---|---|
| 0 | 1 | 다시 |
| 1 | 1 | 정답 |

> Sink

cellContent(1,3) 은 표에서 1행 3열의 내용을 텍스트로 인식하며
cellNumericValue(1,3) 은 표에서 1행 3열의 내용을 숫자값으로 인식합니다.
cellContent 와 when을 사용해 정답일 때만 특정 문구가 나오게 합니다.

## 제작해보기

1. '표'를 생성하고 다음과 같이 셀 채우기

| | $x$ | | $y = 2x - 1$ | | 확인 |
|---|---|---|---|---|---|
| 🔒 | 0 | | | | |
| 🔒 | 1 | | | | |

(입력한 셀은 자물쇠 표시가 뜨고 학생들이 편집할 수 없는 상태로 변함)

2. '표 스크립트'

```
1 cellContent(1,3):when this.cellNumericValue(1,2)=-1 "정답"
2 when this.cellNumericValue(1,2)>-1 or this.cellNumericValue(1,2)<-1 "다시"
3 otherwise ""
4
5 cellContent(2,3): when this.cellNumericValue(2,2)=1 "정답"
6 when this.cellNumericValue(2,2)>-1 or this.cellNumericValue(2,2)<-1 "다시"
7 otherwise ""
```

1 1행 3열의 셀 내용은 이 표의 1행 2열의 셀 값이 -1이면 "정답"으로 표시
2 이 표의 1행 2열의 셀 값이 -1보다 크거나 작으면 "다시"로 표시
3 그 외에는 공백
5 2행 3열의 셀 내용은 이 표의 2행 2열의 셀 값이 1이면 "정답"으로 표시
6 이 표의 2행 2열의 셀 값이 -1보다 크거나 작으면 "다시"로 표시
7 그 외에는 공백

## TIP

1. ♥, ● 같은 이모티콘을 작성하고 싶은 경우 '·+한자키' 또는 '윈도우키+ 마침표(.)'를 누르면 됩니다.

2. cellEditable 을 사용해 특정 조건에서만 해당 셀이 수정 가능하도록 할 수 있습니다.

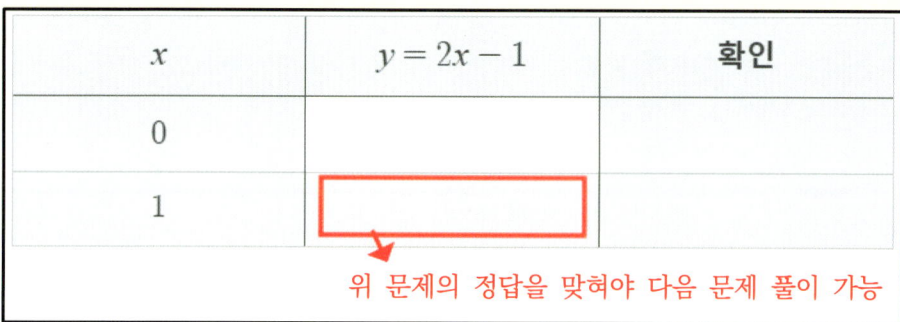

위 문제의 정답을 맞혀야 다음 문제 풀이 가능

```
9 cellEditable(2,2):this.cellContent(1,3)="정답"
```
9 이 표의 1행 3열의 셀 내용이 정답일 때만 2행 2열의 셀 수정 가능

# 23 정답 확인하기(3)

- 그래프에 나타내기

number

## 한눈에 보기

그래프 편집에서 { } 기호를 사용해 특정 조건에서 점 또는 함수를 정의할 수 있습니다. 이를 이용해 학생이 입력한 답이 정답일 때 특정 그림이나 문구가 그래프에 나타나도록 만들어 보겠습니다.

[교사 화면]

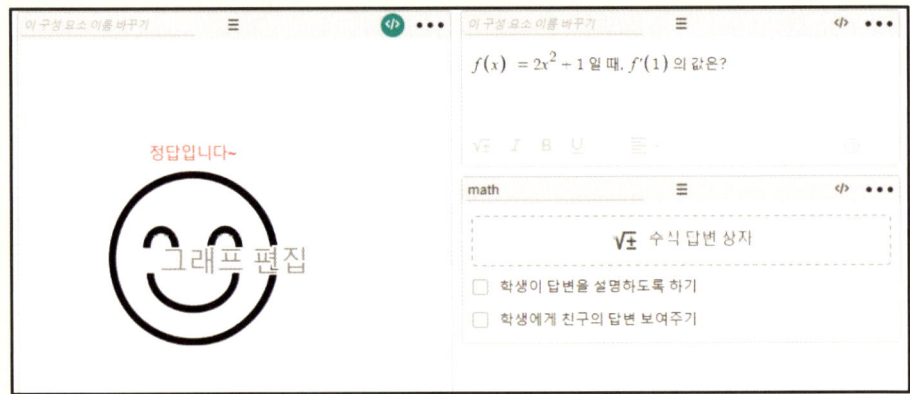

[학생 화면]

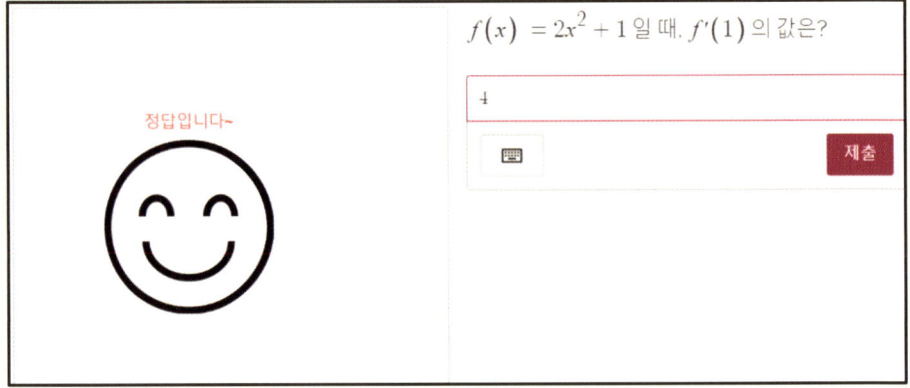

'image: Flaticon.com'.

## 제작해보기

1. '그래프', '메모', '수식 답변(math)'을 생성하고 '메모'에 문제 입력하기

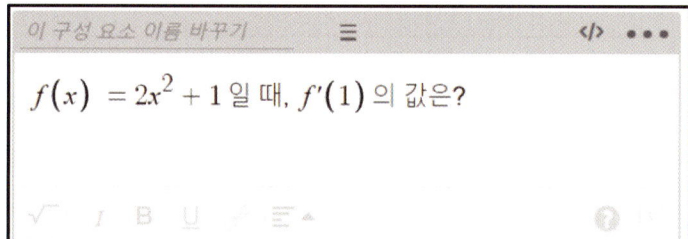

2. '그래프 편집'에서 그래프 설정을 눌러 눈금, X축, Y축 체크 해제하기

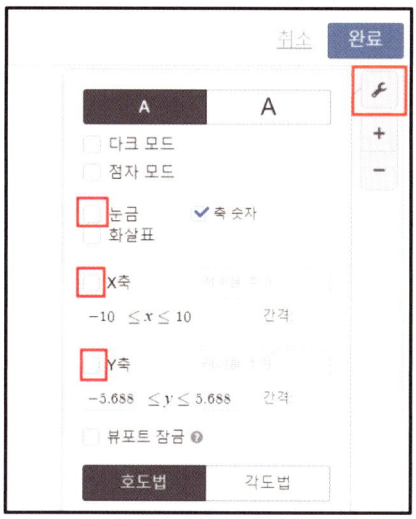

3. 항목추가를 눌러 원하는 이미지 선택하기

4. 점 $(0,6)$을 입력하고 점 사라지기를 클릭한 후 레이블에 '정답입니다~'를 입력하기

5. 그림의 중심 $(0,0)$과 입력한 점 $(0,6)$의 오른쪽에 $\{a=1\}$ 입력하기

   $a=1$일 때만 그림과 점이 정의되므로, $a=1$일 때는 나타나고 1이 아닐 때는 사라지는 것 같은 효과를 줄 수 있음.

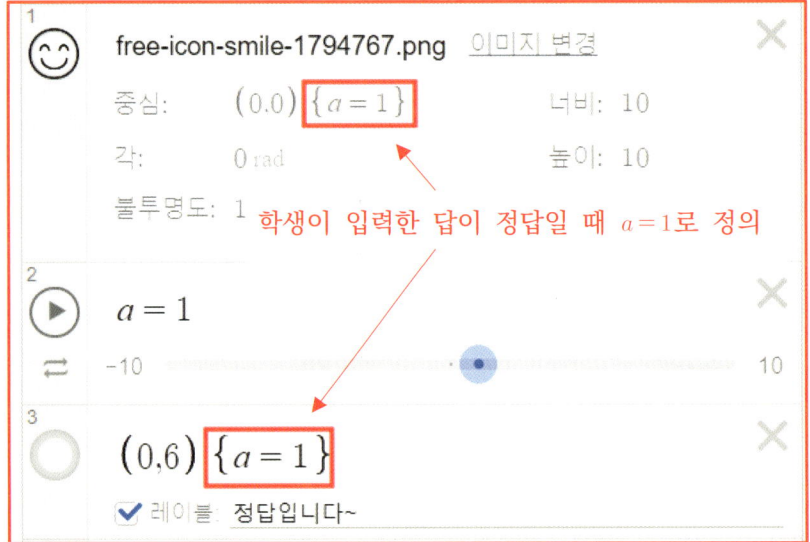

6. '그래프 스크립트'

| `1 number(``a``):when math.numericValue=4 1 otherwise 0` |
|---|
| 1 변수 a는 math의 입력된 숫자 값이 4이면 1로, 그 외에는 0으로 정의 |

# 23 정답 확인하기(4)

–랜덤으로 함수 생성하기 답 확인

content, correct

## 한눈에 보기

p. 124 랜덤으로 함수 생성하기에서 randomGenerator를 통해 일차함수 그래프를 임의로 생성하고 그릴 수 있었습니다. 랜덤으로 생성된 그래프와 학생들이 직접 입력한 함수식을 비교하여 올바르게 식을 구했는지 확인해 보는 기능입니다.

[교사 화면]

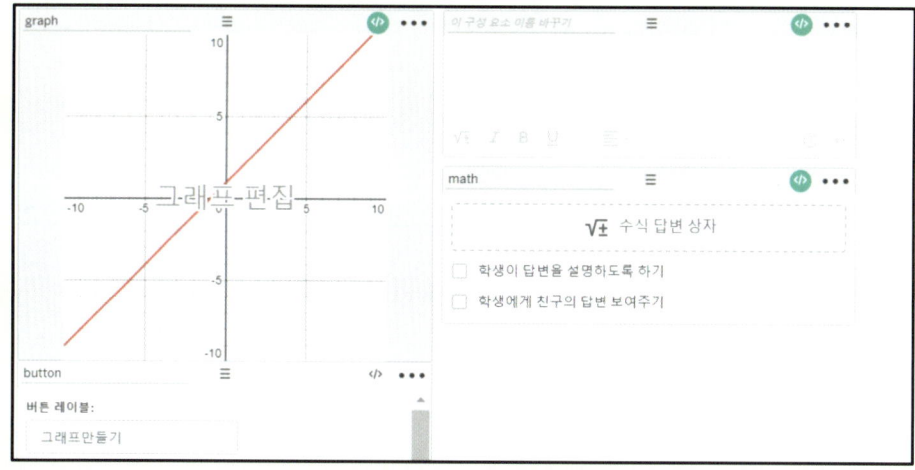

[학생 화면]

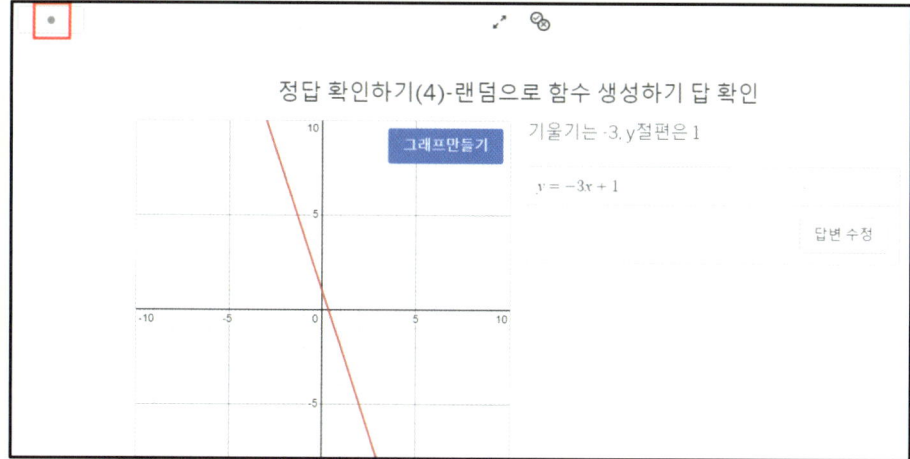

## 제작해보기

1. p. 124 랜덤으로 함수 생성하기 제작 완료하기
2. '메모', '수식 답변(math)'을 추가로 생성하기
3. '메모 스크립트'

```
1 a=graph.number(`a`)
2 b=graph.number(`b`)
3 content: "기울기는 ${a}, y절편은 ${b}"
```

1 a를 graph의 숫자 a로 정의
2 b를 graph의 숫자 b로 정의
3 메모 내용을 "기울기는 a의 값, $y$절편은 b의 값"으로 표시

4. '수식 답변(math) 스크립트'

```
1 a_1=xyLine(math.latex).slope
2 b_1=xyLine(math.latex).yIntercept
3 correct: graph.number(`a`)=a_1 and graph.number(`b`)= b_1
```

1 a_1을 math에 입력된 수식에서 일차함수의 기울기로 정의
2 b_1을 math에 입력된 수식에서 일차함수의 $y$절편으로 정의
3 graph의 숫자 a와 a_1이 같고 graph의 숫자 b와 b_1이 같으면 정답

### TIP

1 slope, yIntercept를 통해 기울기, $x$절편을 추출한 것처럼 순서쌍에서도 parseOrderedPair을 이용해 x성분, y성분을 추출할 수 있습니다.

```
1 A=parseOrderedPair(math.latex)
2 number("a"): numericValue(A.x)
3 number("b"): numericValue(A.y)
```

1 A를 math에 입력된 수식에서 순서쌍으로 정의
2 a를 A의 x성분으로 정의
3 b를 A의 y성분으로 정의

#  정답 확인하기(5)

−그래프 그리고 비교하기    hidden, number

## 한눈에 보기

학생들이 그림판에 직접 그래프를 그려보고 버튼을 누르면 정답 그래프가 나타나게 설정하여 시각적으로 비교해보는 활동입니다.

[교사 화면]

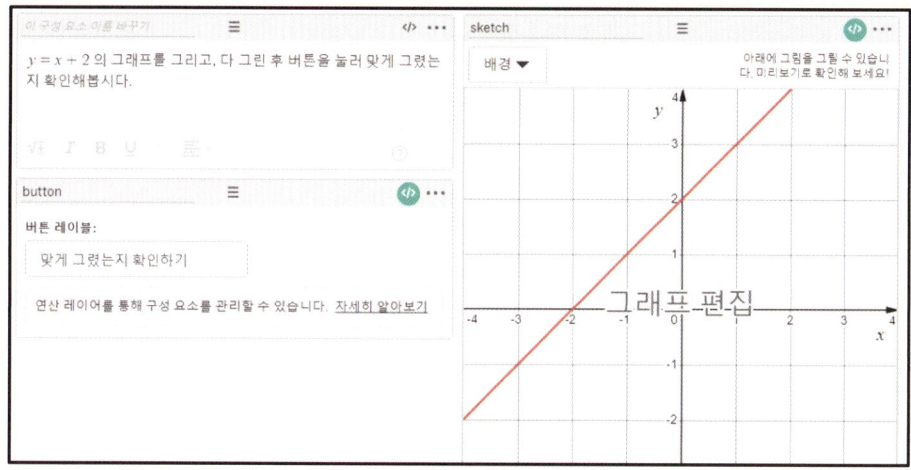

[학생 화면]

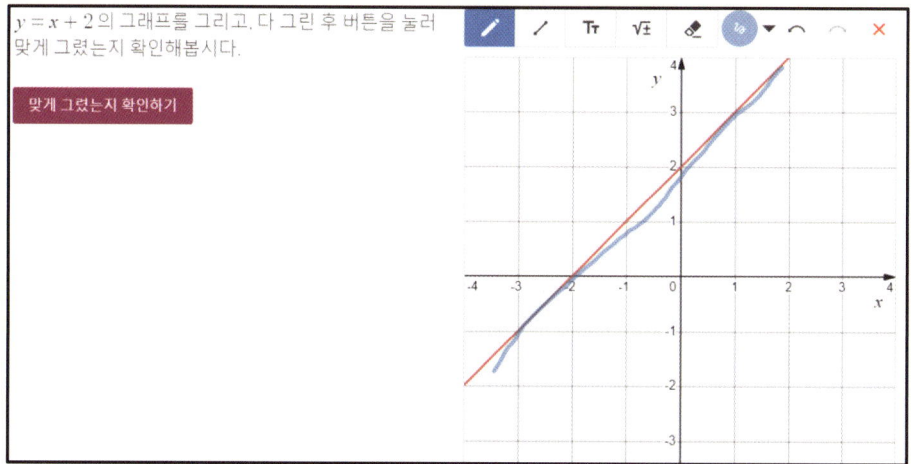

## 제작해보기

1. '메모', '그림판(sketch)', '행동 버튼(button)'을 생성하고 '그림판(sketch)'의 배경을 편집 가능한 그래프로 설정하기

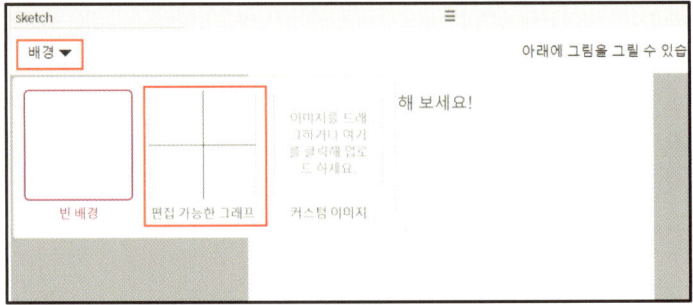

2. '메모'에 다음과 같이 입력하고 button의 버튼 레이블에 '맞게 그렸는지 확인하기'를 입력하기

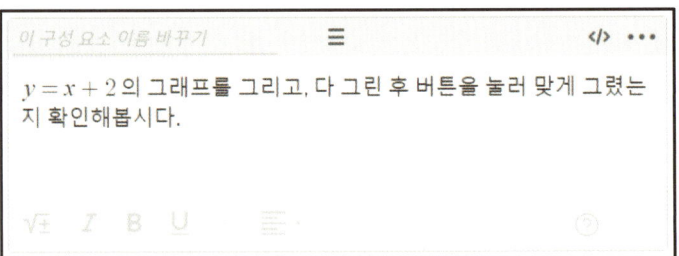

3. 'button 스크립트'

| 1 `hidden`: sketch.sketch.strokeCount<1 |
|---|
| 1 'sketch'의 스케치 획수가 1보다 작으면 숨김 (학생이 스케치를 한 획수 이상 하면 버튼이 나타나게 함) |

4. 'sketch 스크립트'

| 1 `number(`M`)`: when button.timeSincePress()>0 1 otherwise 0 |
|---|
| 1 변수 M을 button을 누른 시간이 0초 보다 크면 1 그 이외에 0으로 정의 |

5. '그래프 편집창'에 $y=x+2\{M=1\}$을 입력하기

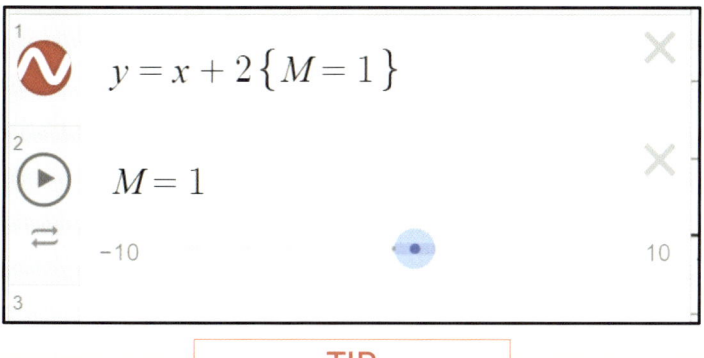

TIP

1. 그림판에서 strokeCount는 획수를 의미하며 획이 아닌 점의 개수를 인식하려면 pointCount 이용하면 됩니다.

# 4부
# DESMOS로 수업 따라하기

**제 1장** 일차함수의 그래프 (중2)

**제 2장** 이차함수의 그래프 (중3)

**제 3장** 삼각함수의 그래프 (고2)

**제 4장** 접선의 방정식 (고2)

# 제 1장
# 일차함수의 그래프 (중2)

 # 일차함수의 그래프

중2 - 일차함수의 그래프 관찰 (슬라이드 3)

## 한눈에 보기

$y = 2x - 1$에서 $x$의 값의 간격을 점점 줄여보면서 $x$값의 범위가 실수 전체일 때 $y = 2x - 1$의 그래프를 추측하고 직선이 됨을 직관적으로 확인합니다.

[교사 화면]

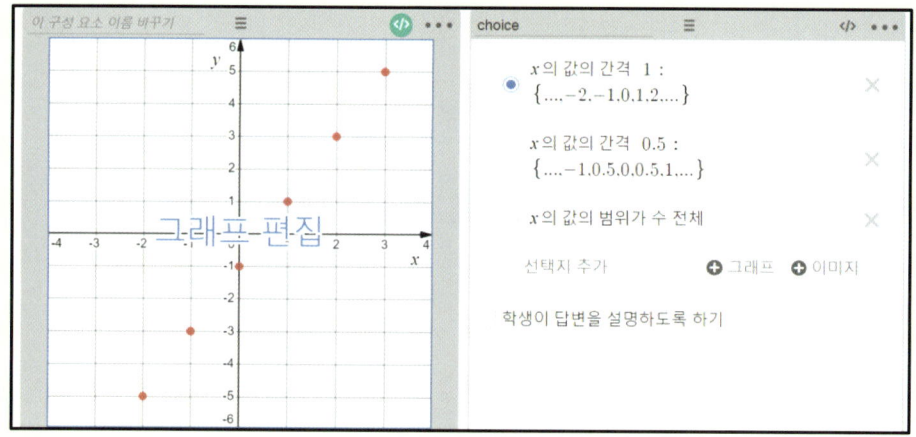

[학생 화면]

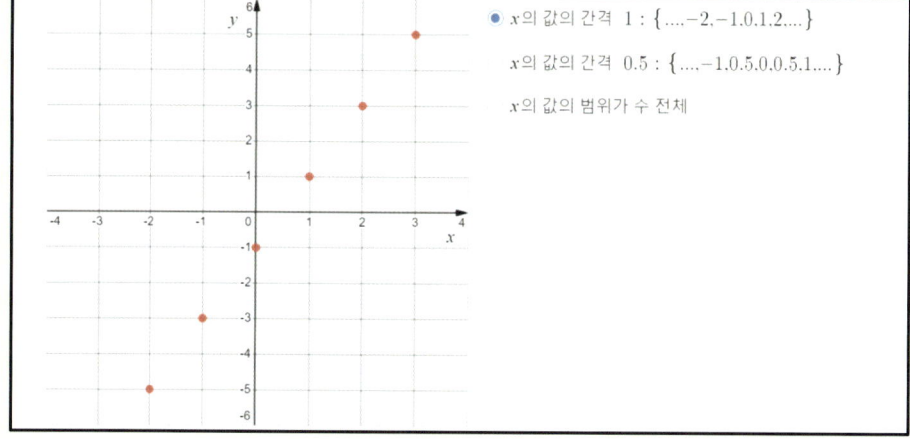

## 제작해보기

1. '그래프', '객관식 문제(choice)'를 생성하기
2. 객관식 문제(choice)의 선택지에 '$x$의 값의 간격이 1', '$x$의 값의 간격이 0.5', '$x$의 값의 범위가 수 전체'를 입력하기

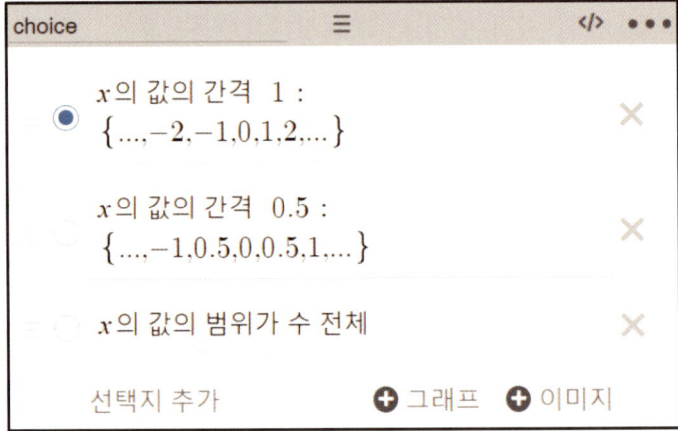

3. '그래프 편집'에서
① $x$의 값의 간격이 각각 1, 0.5인 $x$의 값들의 리스트
   $A_1 = [-3, -2, ..., 2, 3]$, $A_2 = [-3, -2.5, ..., 2.5, 3]$을 입력하기
② $f(x) = 2x - 1$을 입력하고 선 지우기

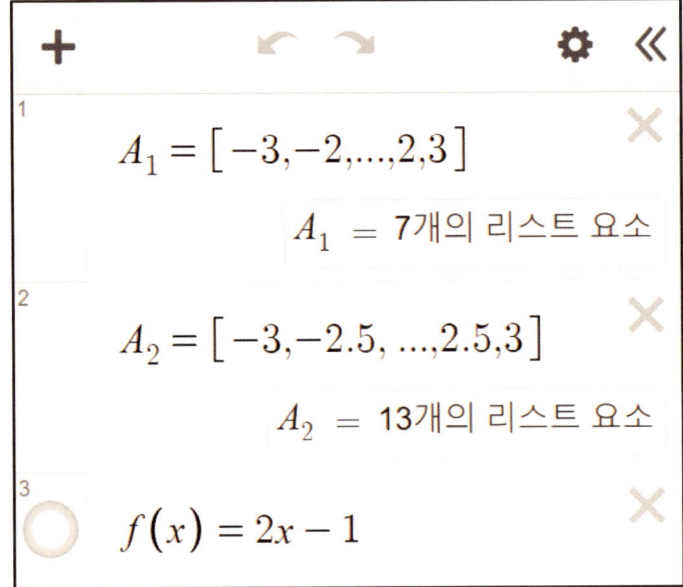

4. '그래프 편집'에서
① 변수 $M$과 점들의 집합 $(A_1, f(A_1))$, $(A_2, f(A_2))$ 입력하기
② 함수 $f(x)$를 입력한 후 각각의 그래프가 나타날 조건을 함께 입력하기

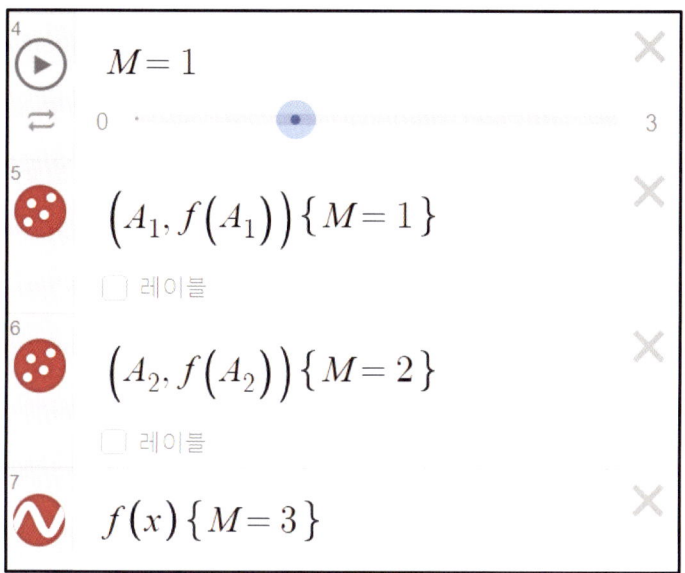

5. '그래프 스크립트'

```
1 number("M"):
2   when choice.isSelected(1) 1
3   when choice.isSelected(2) 2
4   when choice.isSelected(3) 3 otherwise 0
```

1 변수 M을 다음과 같이 정의
2 choice가 1번으로 선택됐을 시 1,
3 choice가 2번으로 선택됐을 시 2,
4 choice가 3번으로 선택됐을 시 3, 그 외에는 0으로 정의

**TIP**

1. 그래프 편집에서 리스트를 입력할 경우에 리스트에 해당하는 모든 수를 다 입력하지 않아도 되고, $A_1 = [-3, -2, ..., 2, 3]$ (⇒ 간격이 1인 7개의 수로 이루어진 리스트)와 같이 리스트의 양 끝 값을 포함해 규칙을 알아볼 수 있는 만큼ㄷ의 일부의 수만 입력해도 됩니다.

# 25 일차함수의 그래프

중2   - 평행이동 관찰(1) (슬라이드 9)     number

## 한눈에 보기

학생들이 그래프 확인하기 버튼을 누르면 $y=2x$가 $y=2x+3$으로 평행이동 되는 것을 관찰할 수 있습니다. 그래프의 평행이동을 시각적으로 보여주어 학생의 이해를 도울 수 있습니다.

[교사 화면]

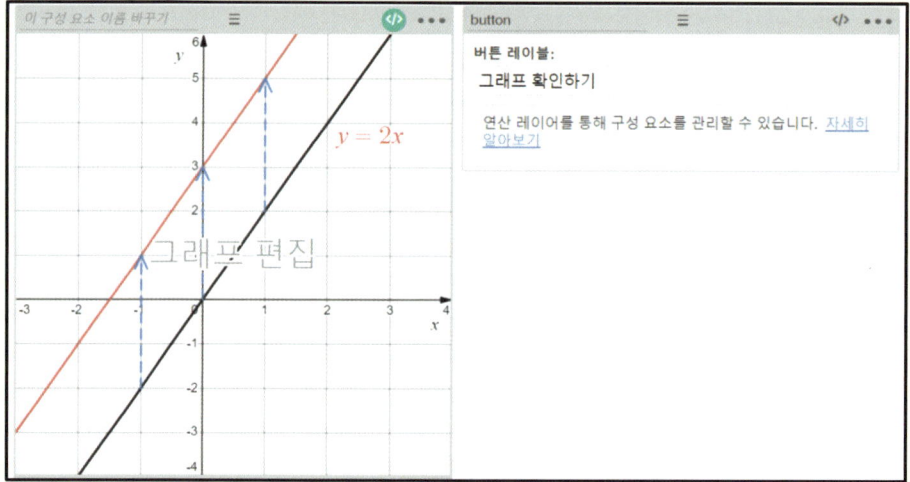

[학생 화면]

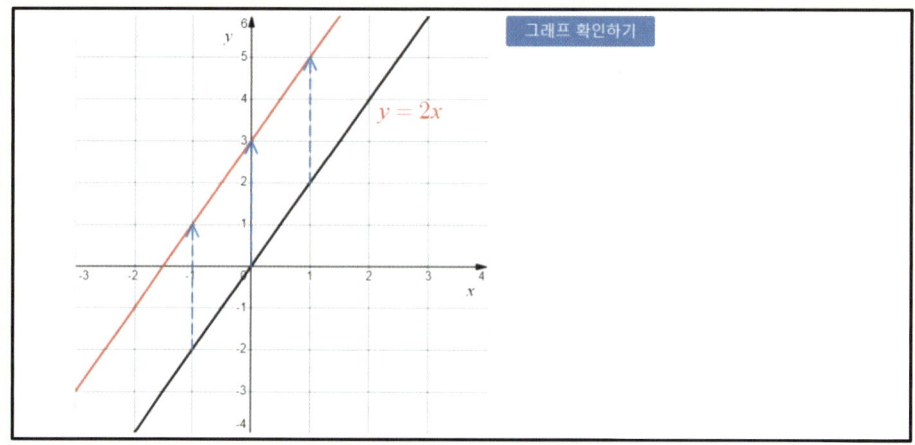

> Sink

number 는 그래프 편집에서의 변수를 정의하는 역할을 합니다. 현재는 버튼을 누른 후 지난 시간으로 변수를 정의하여 버튼을 누른 후 지난 시간만큼 그래프가 이동하도록 설정되었습니다.

## 제작해보기

1. '그래프'와 '행동 버튼(button)'을 생성하기
2. '그래프 편집'에서 변수 $a$와 평행이동 시킬 함수인 $y=2x$를 입력하기

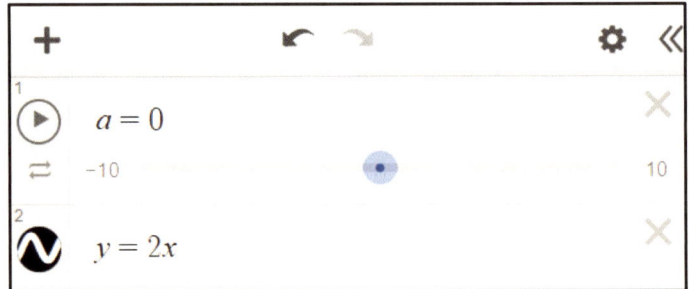

3. 이동량을 나타내는 변수 $b$를 $a$를 이용하여 $b=\begin{cases} 0 & (a \leq 0) \\ 2a & (0 < a < 1.5) \\ 3 & (a \geq 1.5) \end{cases}$로

   설정하고, 평행이동되는 함수를 $y=2x+b$로 설정하기

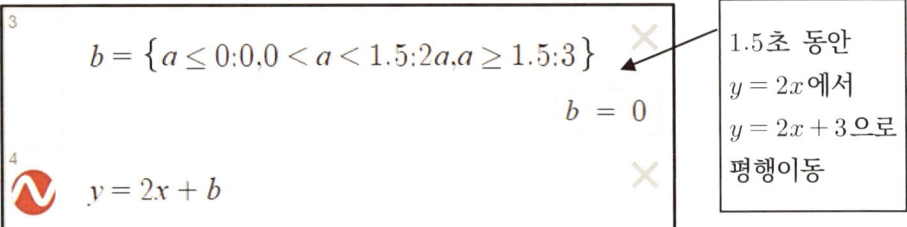

1.5초 동안 $y=2x$에서 $y=2x+3$으로 평행이동

4. 점 $(2.7, 3.7)$을 입력하고, 점이 나타나지 않도록(p. 34 참고) 설정한 후 점 레이블에 `$y=2x$`를 입력하기

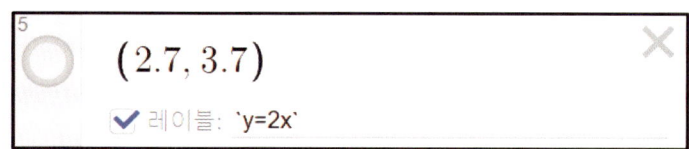

5. $x=-1$, $x=0$, $x=1$의 오른쪽에 각각 $\{-2 \leq y \leq -2+b\}$, $\{0 \leq y \leq b\}$, $\{2 \leq y \leq 2+b\}$를 입력하여 변수 $b$에 따라 달라지는 선분을 나타내고, 선분의 선 디자인은 점선으로 바꾸기(p. 35 참고)
(평행이동을 시각적으로 보여주기 위해 이동되는 방향을 따라 평행이동 표시선을 그려준 것 )

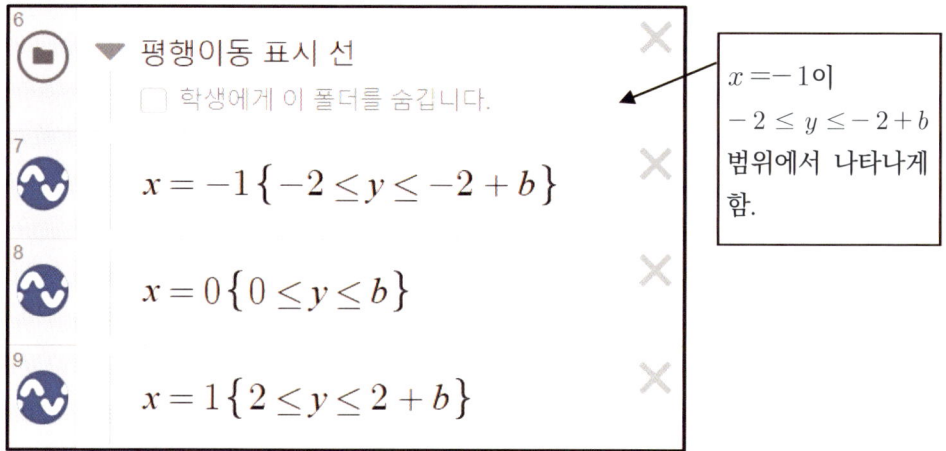

$x=-1$이 $-2 \leq y \leq -2+b$ 범위에서 나타나게 함.

6. 평행이동 표시선의 화살표 선분 그려주기
   ① $y=-3x+b\{0<x<0.1\}$, $y=3x+b\{-0.1<x<0\}$를 입력하기
   ② 각각의 함수 오른쪽에 $\{a>0\}$을 입력해 $a>0$일 때만 선분이 나타나도록 하기
   ③ 다른 화살표 선분도 같은 방식으로 아래와 같이 입력하기

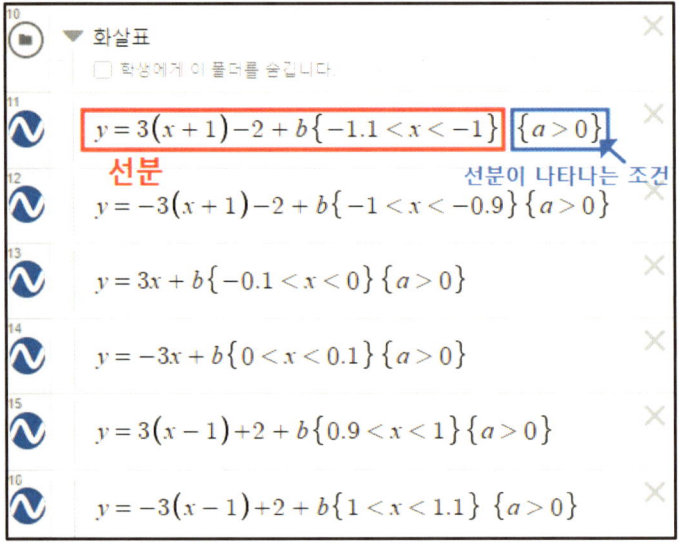

7. '행동 버튼'의 버튼 레이블에 '그래프 확인하기'를 입력하기
8. '그래프 스크립트'

| 1 number(`a`): button.timeSincePress() |
|---|
| 1 변수 $a$를 button을 누른 후 지난 시간으로 정의 |

**TIP**

1. 이동량을 나타내는 변수 $b$를 $a$를 이용하여 정할 때, $a$의 범위와 계수를 변경하면 각각 이동 시간과 이동 속도를 조절할 수 있다.
2. timsSincePress( ) 의 괄호 안에 적는 숫자에 따라 그래프의 자취가 끝나는 시점이 정해집니다. 적지 않을 경우 그래프가 끝없이 그려집니다.

# 26 일차함수의 그래프

중2 - 평행이동 관찰(2) (슬라이드 10)    number

## 한눈에 보기

학생들이 주어진 표에 $y$축의 방향으로 평행이동시킬 이동량 $A$을 입력한 후 평행이동 버튼을 누르면, $y=2x$의 그래프를 $y$축의 방향으로 $A$만큼 평행이동한 $y=2x+A$의 그래프가 나타납니다.

[교사 화면]

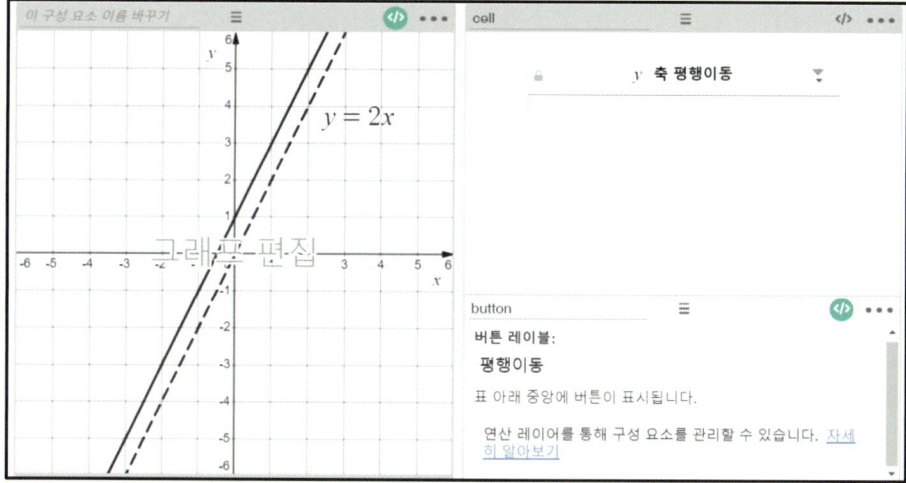

[학생 화면]

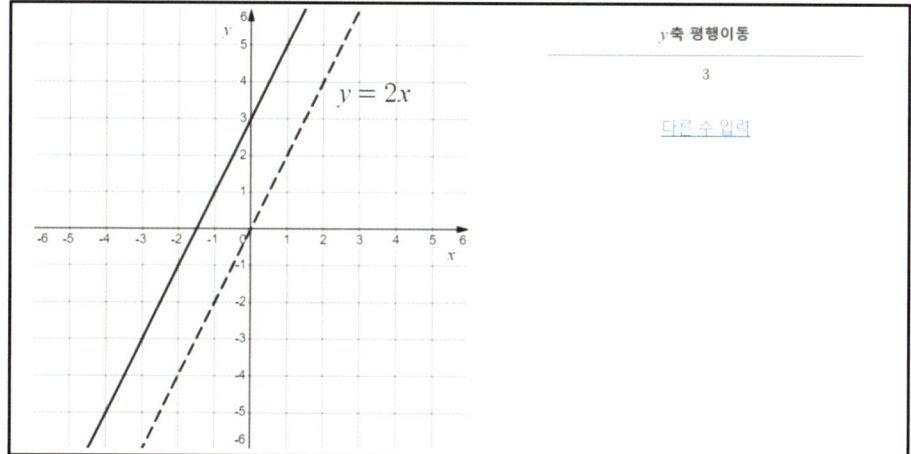

## 제작해보기

1. '그래프', '표(cell)', '행동 버튼(button)'을 생성하기
2. '그래프 편집'에서 변수 $a$와 $b$, 평행이동 시킬 함수 $y=2x$를 입력하기

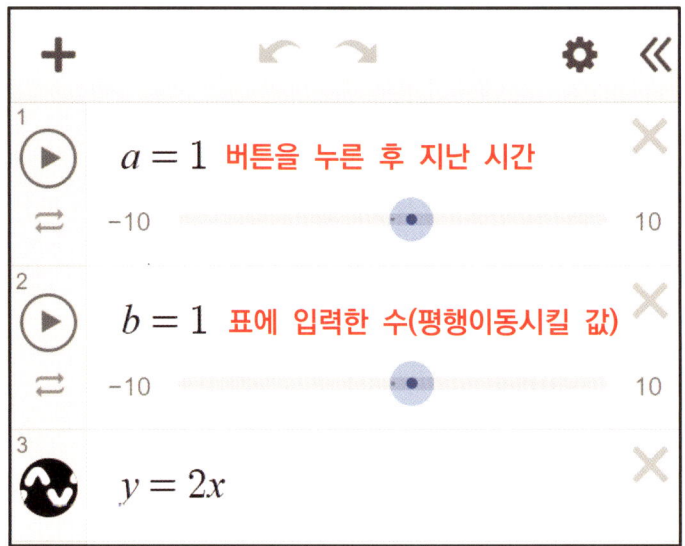

3. $b$초 동안 평행이동되는 함수 $y=2x+a\{0<a<b\}\{b>0\}$, $y=2x+a\{0<a<-b\}\{b<0\}$를 입력하기

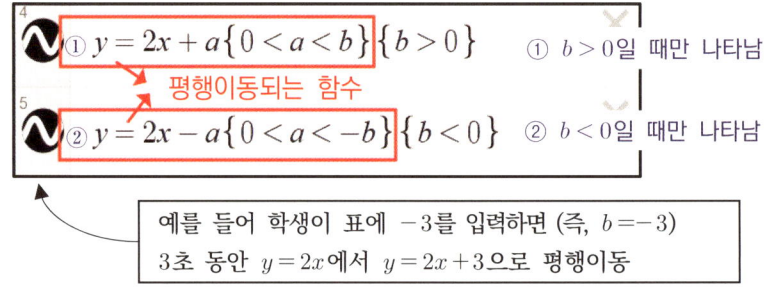

예를 들어 학생이 표에 $-3$를 입력하면 (즉, $b=-3$)
3초 동안 $y=2x$에서 $y=2x+3$으로 평행이동

4. $b$초 후에 최종적으로 평행이동이 완료된 함수 $y=2x+b\{a>|b|\}$를 입력하기

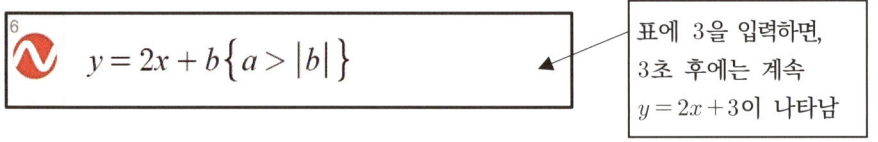

표에 3을 입력하면,
3초 후에는 계속
$y=2x+3$이 나타남

5. 점 $(3.4, 3.7)$을 입력하고, 점이 나타나지 않도록(p. 34 참고) 설정한 후
   점 레이블에 `y = 2x`를 입력하기

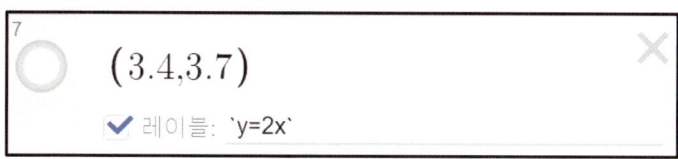

6. '표(cell)'에 평행이동시킬 값이 입력될 칸을 만들기

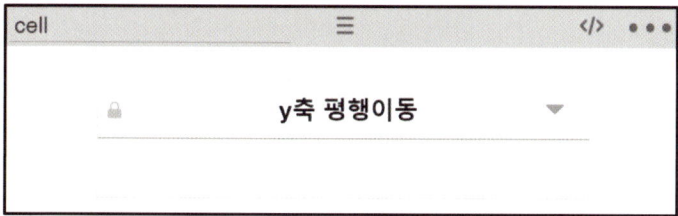

7. '행동 버튼'의 버튼 레이블에 '평행이동'을 입력하기
8. '그래프 스크립트'

```
1 number(`a`): button.timeSincePress()
2 number(`b`): cell.cellNumericValue(1,1)
```

1 변수 $a$를 button을 누른 후 지난 시간으로 정의
2 변수 $b$를 표(cell)의 1행 1열에 작성되는 숫자로 정의

# 제 2장
# 이차함수의 그래프 (중3)

#  이차함수의 그래프

중3 － 이차함수의 그래프 그리기(1) (슬라이드 7)

## 한눈에 보기

동영상을 보고 상황에 맞는 이차함수의 그래프를 그립니다. 동영상 재생 시간에 맞게 움직이는 $x = a$ 의 그래프를 추가하여 학생들이 동영상을 보면서 실시간으로 그래프를 그릴 수 있게 합니다.

[교사 화면]

[학생 화면]

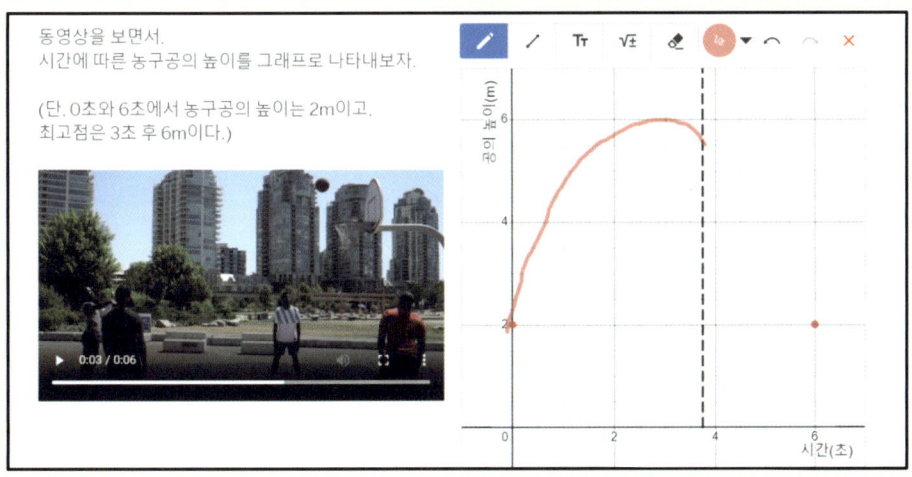

## 제작해보기

1. '메모', '미디어(media)', '그림판(sketch)'을 생성하기
2. '메모'에 다음과 같이 문제를 입력하고, '미디어'에 동영상 업로드하기

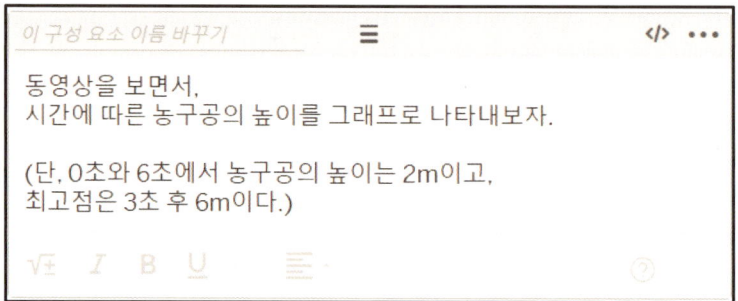

3. '그래프 편집'에서 재생 시간을 나타내는 $x = a\{y > 0\}$와 시작점, 끝점인 $(0, 2)$, $(6, 2)$를 입력하기

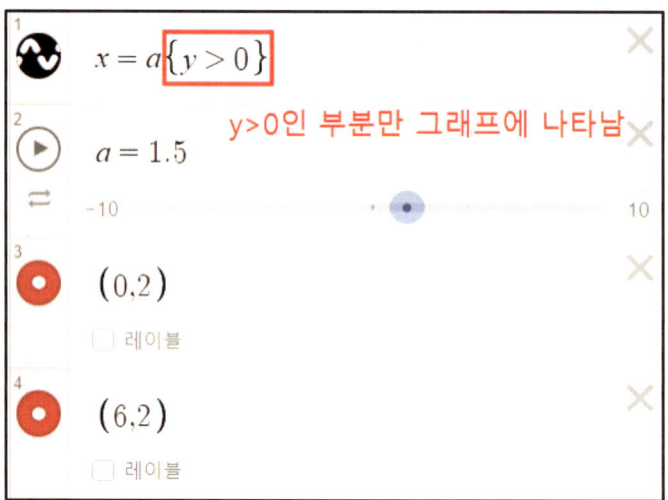

4. '그림판 스크립트'

```
1 number("a"): media7_1.time
2 bounds: makeBounds(-1,7,-1,7)
3 initialColor: colors.red
```

1 변수 $a$를 media7_1의 재생 시간으로 정의
2 보여지는 화면의 범위를 $-1 \leq x \leq 7$, $-1 \leq y \leq 7$로 제한
3 그림판 연필의 첫 색상을 빨간색으로 설정

# 이차함수의 그래프

중3 － 이차함수의 그래프 그리기(2) (슬라이드 8)

### 한눈에 보기

학생이 이전 슬라이드에서 동영상을 보고 그린 이차함수의 그래프를 바탕으로 꼭짓점의 좌표와 이차함수의 식에 대한 정답을 확인합니다. 학생이 이차함수 식을 입력하면 그에 맞는 그래프가 자동으로 그려집니다.

[교사 화면]

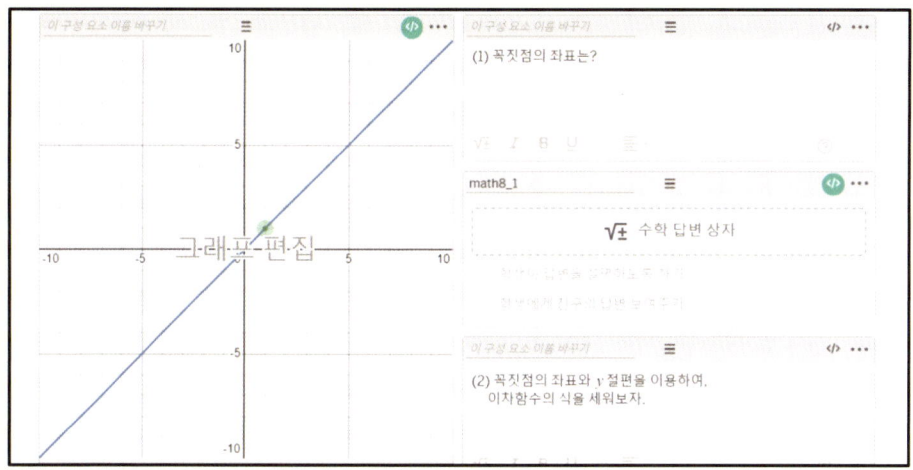

[학생 화면]

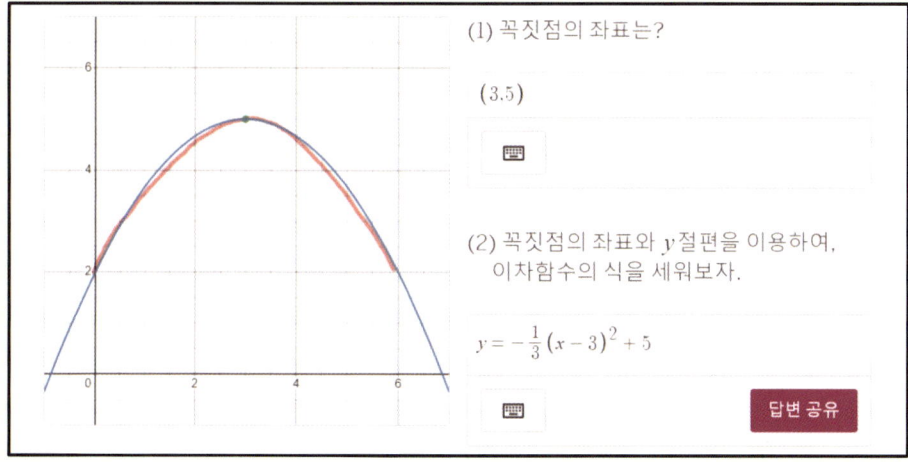

## 제작해보기

1. '그래프', '메모', '수식 답변(math8_1, math8_2)'을 생성하기
2. '메모'에 문제를 입력하기

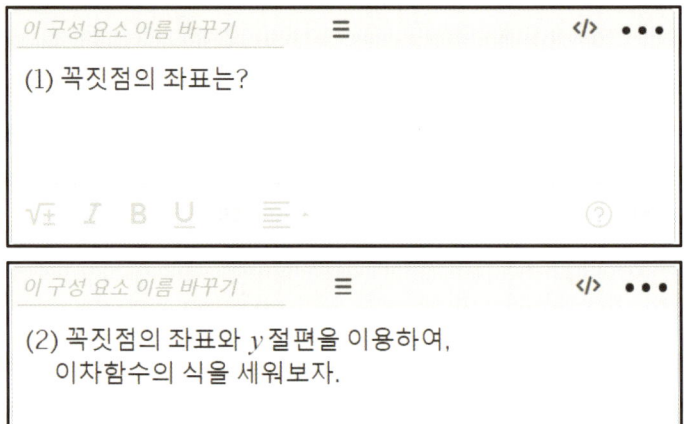

3. '그래프 편집'에서 점 $(a,b)$와 함수 $y=f(x)$를 입력하기

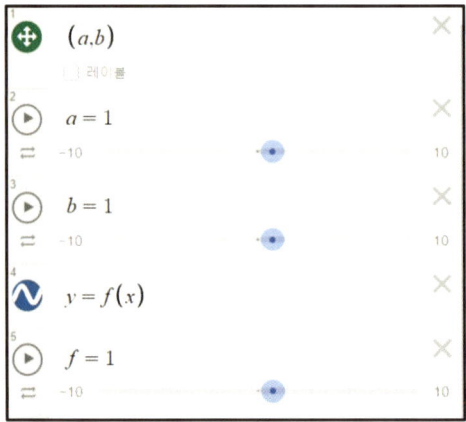

4. '그래프 스크립트'

```
1 A=parseOrderedPair(math8_1.latex)
2 number("a"): numericValue(A.x)
3 number("b"): numericValue(A.y)
4 background: sketchLayer(sketch7_1.sketch)
5 bounds: sketch7_1.bounds
6 function("f"): simpleFunction(math8_2.latex,"x")
```

1 A를 math8_1의 수식에 입력한 순서쌍으로 정의
2 변수 $a$를 A의 $x$좌표로 정의
3 변수 $b$를 A의 $y$좌표로 정의
4 배경을 sketch7_1에서 그린 그림으로 설정
(이때, sketch7_1는 슬라이드7의 구성요소)
5 화면이 보여지는 영역을 sketch7_1의 화면 영역으로 설정
6 함수 $f$를 math8_2에 수식에 입력한 $x$에 관한 함수로 정의

5. '수식 답변(math8_1) 스크립트'

```
1 placeholderLatex: "(x,y)"
```

1 수식 답변 예시: $(x,y)$

6. '수식 답변(math8_2) 스크립트'

```
1 initialLatex: `y=`
```

1 시작 수식: $y=$

 # 이차함수의 그래프

중3 　 - 이차함수의 그래프 그리기(3) (슬라이드 9)

## 한눈에 보기

이차함수 $y = ax^2 + bx + c$의 그래프를 보고 $a, b, c$의 부호를 조사하는 문제입니다. 힌트 버튼을 누르면 이차함수의 축과 관련된 질문이 나타나고, 질문에 올바른 답을 입력하면 그 답이 그래프에 나타납니다.

[교사 화면]

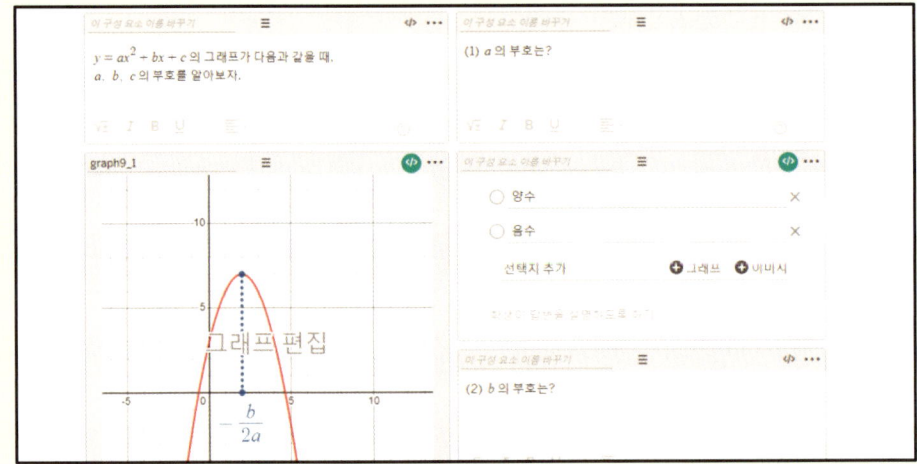

[학생 화면]

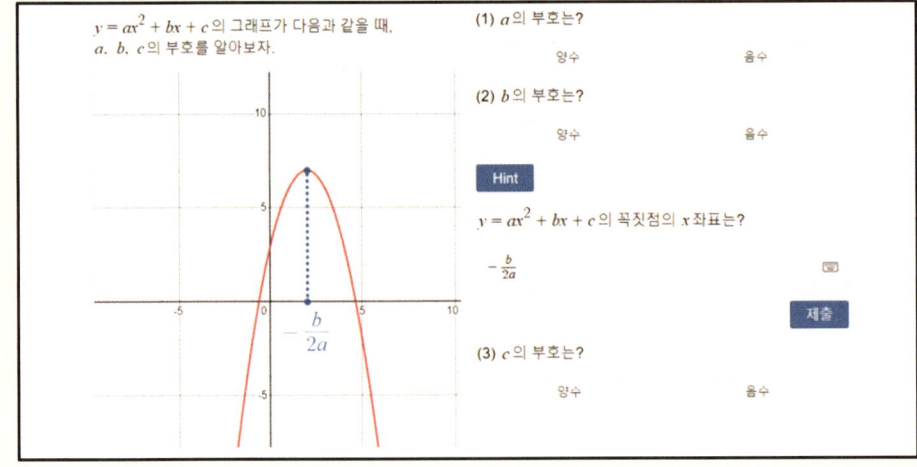

## 제작해보기

1. '메모', '그래프(graph9_1)', '객관식 문제', '행동 버튼(button9_1)', '수식 답변(math9_1)'을 생성하기
2. '메모'와 '객관식 문제'에 문제를 작성하고, '행동 버튼(button9_1)'의 버튼 레이블에 'Hint'를 입력하기

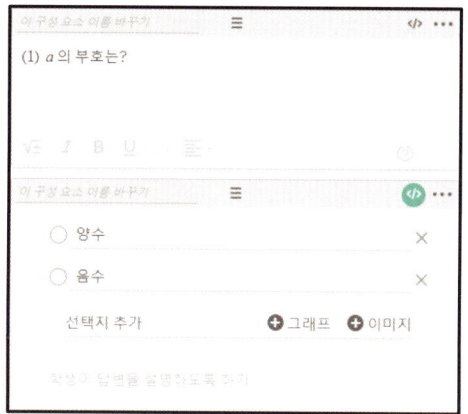

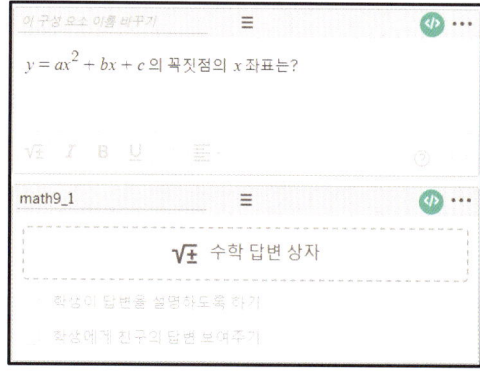
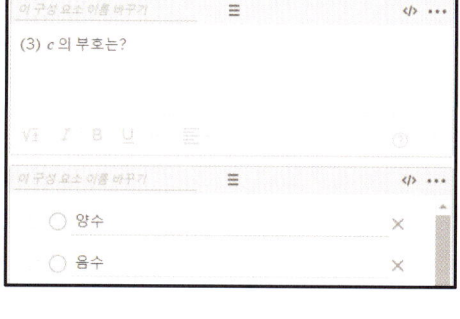

[Hint 버튼을 눌렀을 때 나오게 할 문제]

3. '그래프 편집'에서 $y=-x^2+4x+3$과 꼭짓점의 좌표인 $(2,7)$을 입력하고, $A=1$일 때(힌트에 올바른 답을 입력했을 때) 나타나게 할 그래프 $x=2\{0<y<7\}\{A=1\}$, $(2,0)$을 레이블과 함께 입력하기

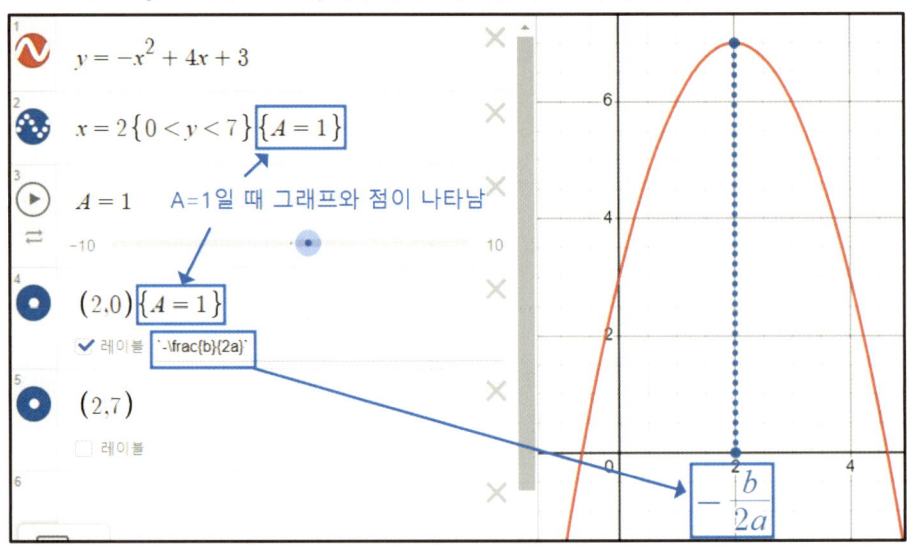

4. '그래프(graph9_1) 스크립트'

```
1 number(`A`): when math9_1.latex=`-\frac{b}{2a}` 1 otherwise 2
```

1 변수 A를 math9_1에 입력된 수식이 $-\dfrac{b}{2a}$이면 1로, 그 외에는 2로 정의하기

→ Hint 버튼을 눌렀을 때 나오는 '$y=ax^2+bx+c$의 꼭짓점의 $x$좌표는?'에 대한 올바른 정답 $-\dfrac{b}{2a}$를 입력하면, $A=1$로 정의하여 그래프에 힌트가 나타나게 함.

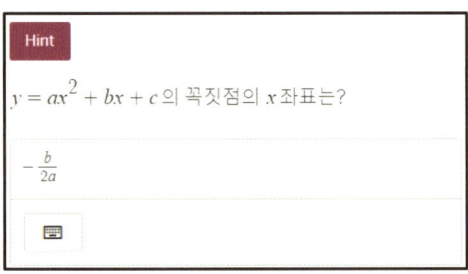

5. '메모 스크립트'

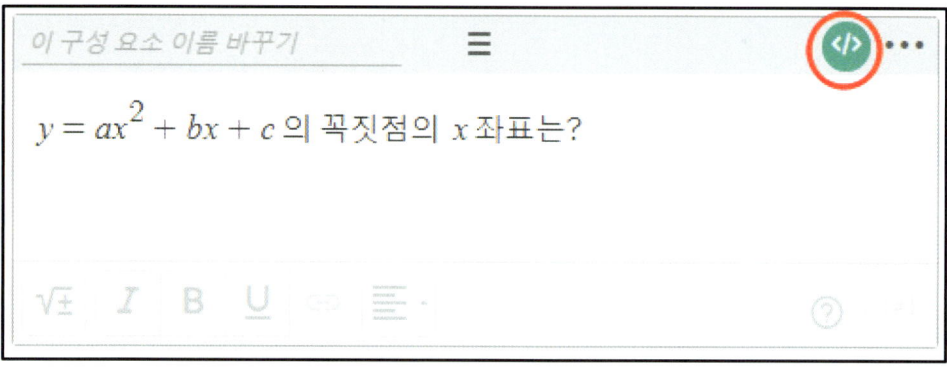

| 1 hidden: not(button9_1.timeSincePress>0) |
|---|
| 1 버튼이 눌린 시간이 0보다 크면(버튼을 누르면) 나타남 |

6. '수식 답변(math9_1) 스크립트'

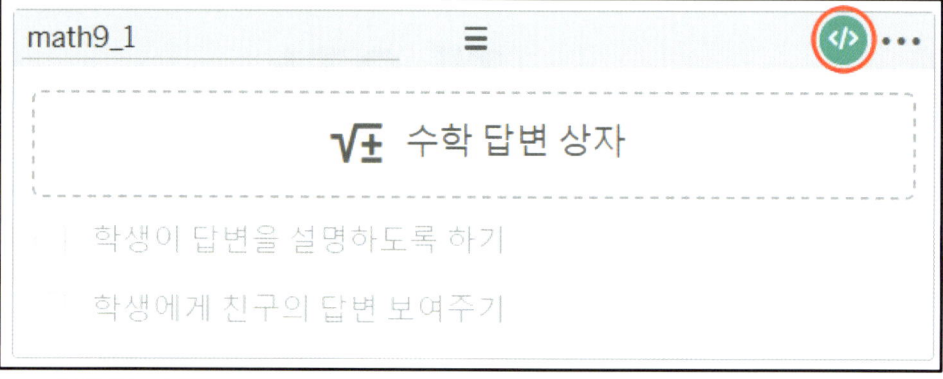

| 1 hidden: not(button9_1.timeSincePress>0) |
|---|
| 1 버튼이 눌린 시간이 0보다 크면(버튼을 누르면) 나타남 |

# 제 3장
# 삼각함수의 그래프 (고2)

# 30 삼각함수의 그래프

고2 — 함수의 치역 확인하기(슬라이드 13)                    number, hidden

## 한눈에 보기

삼각함수의 그래프를 배우는 수업에서 학생들이 배우고 있는 삼각함수의 치역을 학생들이 조작을 통해 시각적으로 확인하고 이해할 수 있습니다.

[교사 화면]

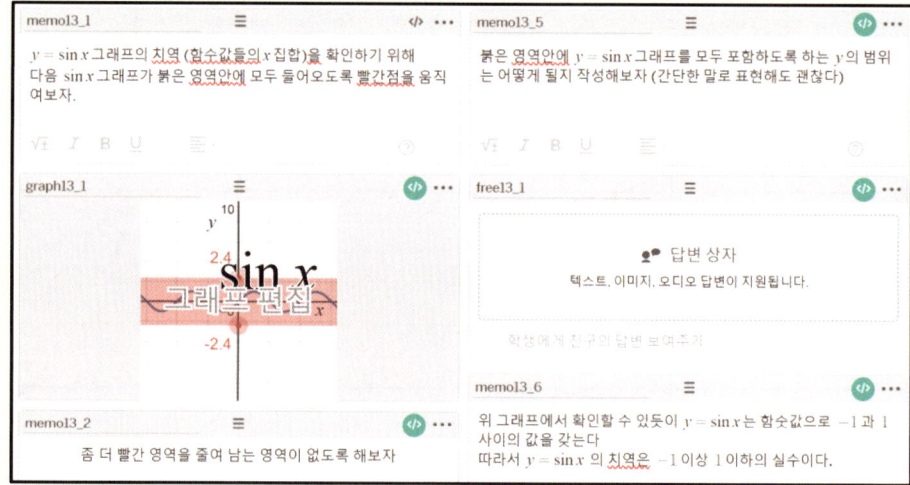

[학생 화면]

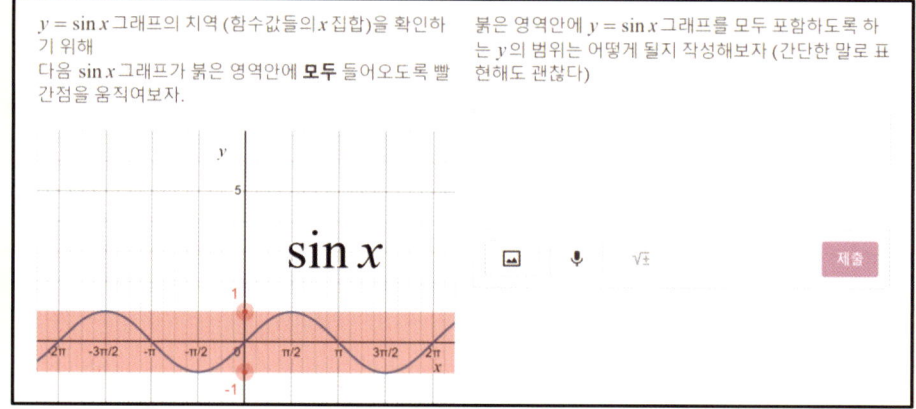

## 제작해보기

1. '메모(memo13_1~6) 6개', '그래프(graph13_1)', '자유 답변(free13_1)' '수식 답변(math13_1)'을 생성하기
2. '메모(memo13_1)'에 활동에 대한 안내를 작성하기

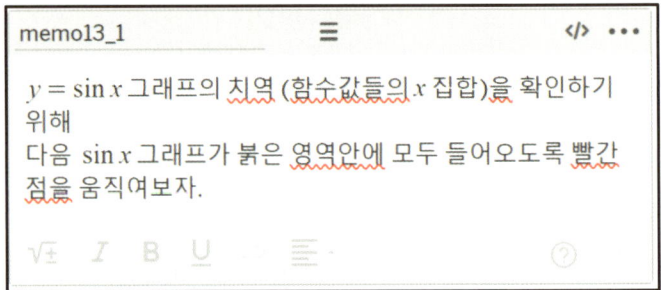

3. '그래프(graph13_1)'에 '그래프 편집'에서 $\sin x$ 문구와 $y = \sin x$ 입력하기

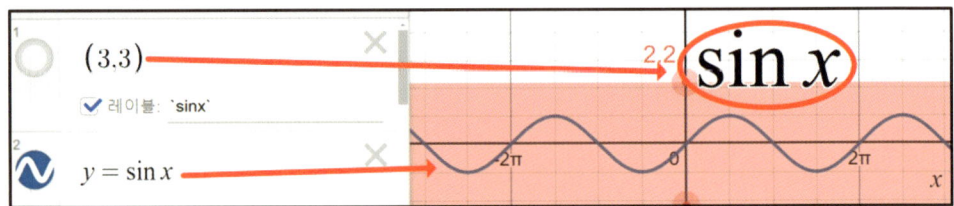

($\sin x$의 문구가 $(3,3)$에 표시되고 점은 보이지 않도록 좌측 원 클릭하여 제거)

4. $y$좌표의 범위가 $-a$이상 $a$이하인 부등식 $-a < y < a$ 입력하기

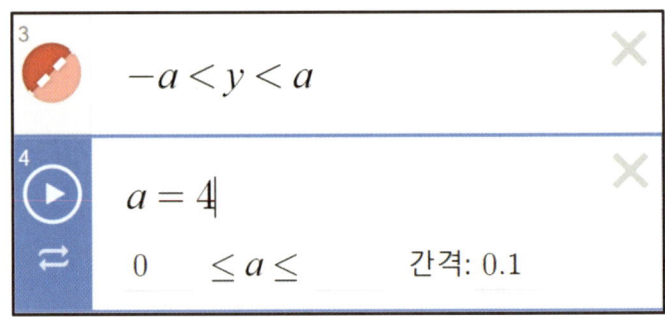

(이때 $a$가 소수 첫째자리 까지만 간결하게 나타나도록 간격을 0.1로 설정)

5. 학생들이 부등식 영역을 움직일 수 있도록 점 $(0,a)$, $(0,-a)$ 잡아주기

이때 $(0,a)$, $(0,-a)$의 레이블이 $a$값에 따라 변하도록 각각 ${a}, -${a}로 설정하기

6. '그래프(graph13_1) 스크립트'

```
1 bounds: makeBounds(-7,7,-7,7)
```

1 학생들이 보는 그래프의 영역을 $-7 \leq x \leq 7$, $-7 \leq y \leq 7$로 제한하기

7. '메모(memo13_2)'에 학생이 붉은 영역이 그래프를 넘어서도록 조작했을 때, 영역을 줄이도록 하는 안내 문구 작성하기

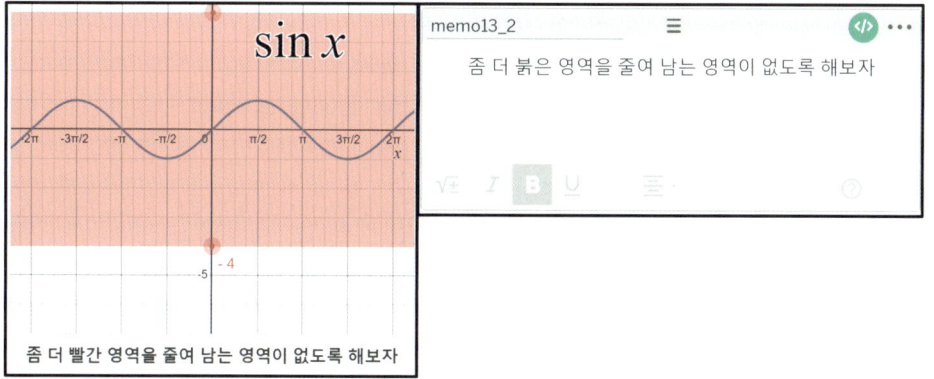

8. '메모(memo13_2) 스크립트'

```
1 hidden: not(graph13_1.number(`a`)<1)
```

1 $a$의 값이 1보다 작지 않다면 해당 메모를 숨기기
   (즉 $a$의 값이 1보다 크거나 같다면 해당 안내 문구 드러나게 하기)

9. '메모(memo13_3)'에 설정한 붉은 영역 밖에 그래프가 존재할 때 영역을 더 늘릴 수 있도록 안내 문구를 작성하기

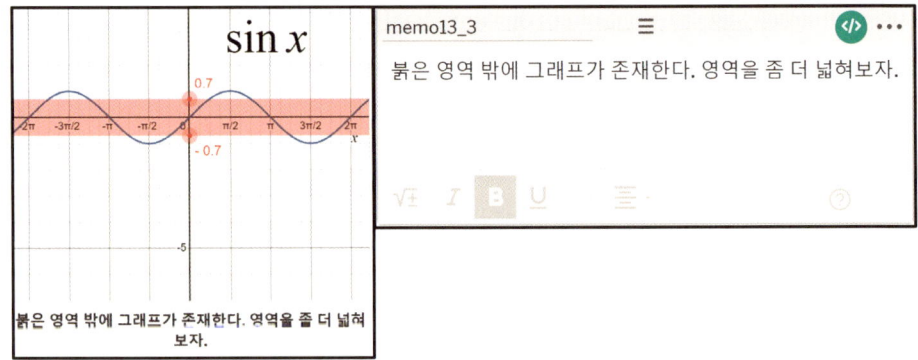

10. '메모(memo13_3) 스크립트'

```
1 hidden: not(graph13_1.number(`a`)>1)
```

1 $a$의 값이 1보다 크지 않다면 해당 메모를 숨기기
   (즉 $a$의 값이 1보다 작거나 같다면 해당 안내 문구를 드러내기)

11. '메모(memo13_4)'에 붉은 영역을 치역으로 정확하게 설정하였을 때 문구 작성하기

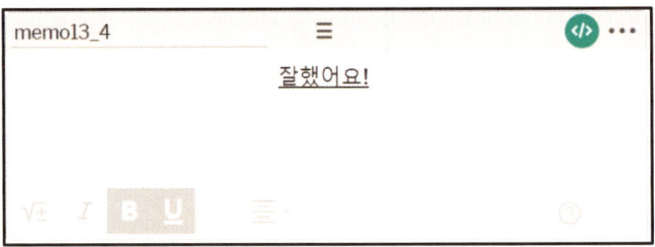

12. '메모(memo13_4) 스크립트'

```
1 hidden: not(graph13_1.number(`a`)=1)
```

1 $a$의 값이 1이 아니라면 메모를 숨기기
   (즉 $a$의 값이 1이라면 해당 안내 문구를 드러내기)

13. '메모(memo13_5)'에 치역의 범위를 붉은 영역으로 정확하게 나타내었을 때 치역의 범위를 적는 질문을 작성하기

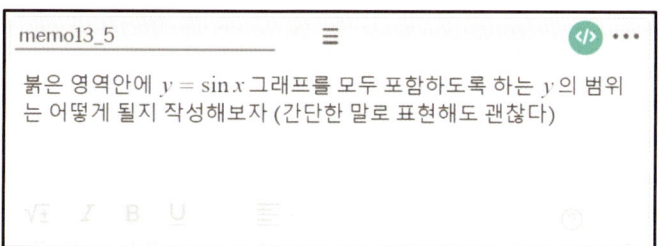

14. '메모(memo13_5) 스크립트'

```
1 hidden: not(graph13_1.number(`a`)=1)
```

1 $a$의 값이 1이 아니라면 메모를 숨기기
   (즉 $a$의 값이 1이라면 해당 안내 문구를 드러내기)

15. '자유답변(free13_1) 스크립트'

```
1 hidden: not(graph13_1.number(`a`)=1)
```

1 $a$의 값이 1이 아니라면 메모를 숨기기
   (즉 $a$의 값이 1이라면 해당 자유답변 드러내기)

16. '메모(memo13_6)'에 학생들이 치역의 범위를 적었을 때, 이에 대한 답과 해설 문구를 작성하기

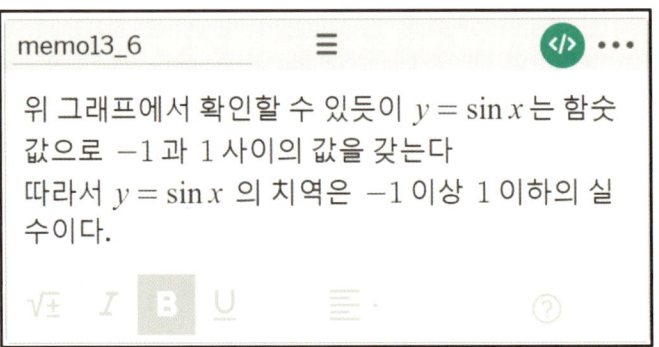

17. '메모(memo13_6) 스크립트'

```
1 hidden: not(free13_1.timeSinceSubmit()>0)
```

  1 자유답변(free13_1)이 제출된지 0초가 지나지 않았다면 숨기기
    (즉 자유답변(free13_1)이 제출되었다면 문구 드러내기)

# 31 삼각함수의 그래프

고2 - 자신이 그린 그래프 확인하기(슬라이드 5)   number, hidden

## 한눈에 보기

삼각함수의 그래프를 배우는 수업에서 학생들이 배우고 있는 삼각함수의 그래프를 실생활 예시(관람차)를 통해 학생들이 직접 그려보고 이를 시각적으로 확인하며 자신이 그린 그래프가 정확한지 확인할 수 있습니다.

[교사 화면]

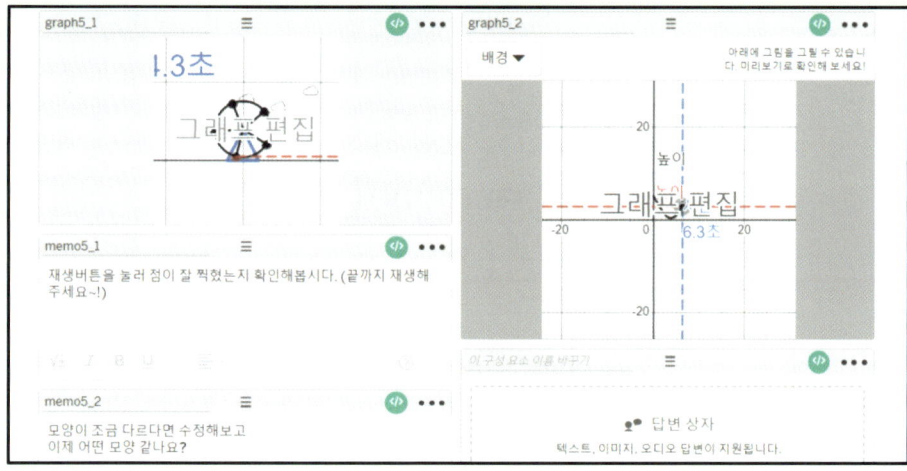

[학생 화면]

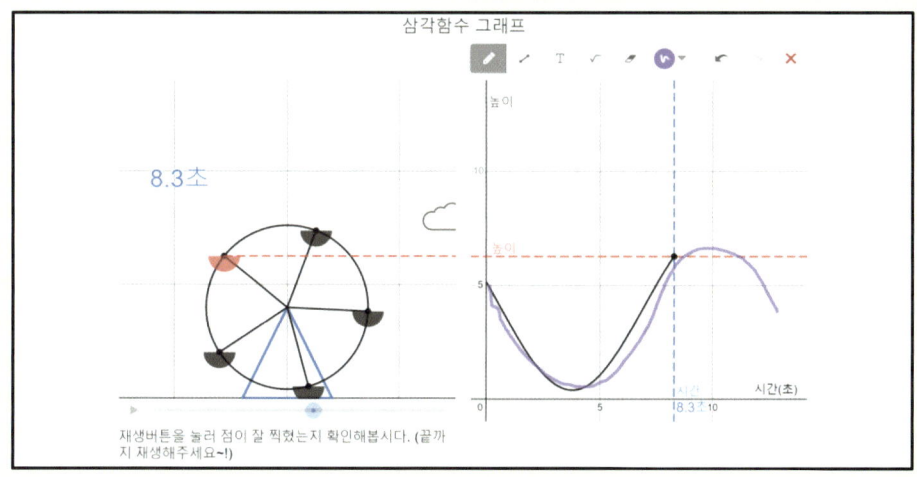

## 제작해보기

1. '그래프(graph5_1, graph5_2)', '메모(memo5_1, memo5_2)', '자유 답변' 생성하기
2. '그래프(graph5_1) 편집' (움직이는 대관람차 그리기)

| 변수 | $a$ (추후에 $a$를 재생 시간으로 설정)<br>$a_1 = round(a, 1)$ ($a_1$은 $a$를 소숫점 첫째자리에서 반올림 한 수)<br>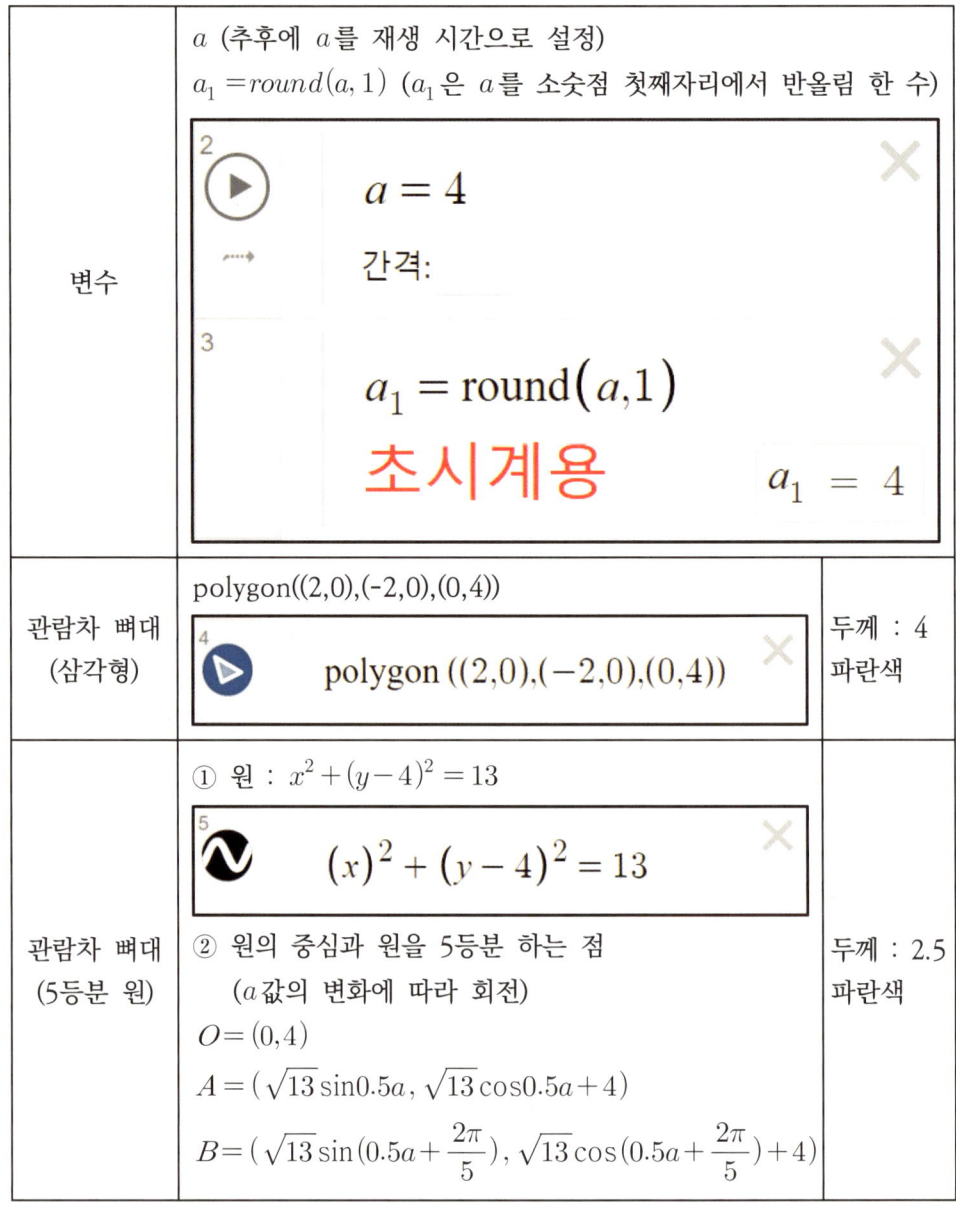 | |
|---|---|---|
| 관람차 뼈대<br>(삼각형) | polygon((2,0),(-2,0),(0,4)) | 두께 : 4<br>파란색 |
| 관람차 뼈대<br>(5등분 원) | ① 원 : $x^2 + (y-4)^2 = 13$<br>② 원의 중심과 원을 5등분 하는 점<br>　($a$값의 변화에 따라 회전)<br>$O = (0, 4)$<br>$A = (\sqrt{13}\sin 0.5a, \sqrt{13}\cos 0.5a + 4)$<br>$B = (\sqrt{13}\sin(0.5a + \frac{2\pi}{5}), \sqrt{13}\cos(0.5a + \frac{2\pi}{5}) + 4)$ | 두께 : 2.5<br>파란색 |

$C = (\sqrt{13}\sin(0.5a + \dfrac{4\pi}{5}), \sqrt{13}\cos(0.5a + \dfrac{4\pi}{5}) + 4)$

$D = (\sqrt{13}\sin(0.5a + \dfrac{6\pi}{5}), \sqrt{13}\cos(0.5a + \dfrac{6\pi}{5}) + 4)$

$E = (\sqrt{13}\sin(0.5a + \dfrac{8\pi}{5}), \sqrt{13}\cos(0.5a + \dfrac{8\pi}{5}) + 4)$

③ 안쪽 뼈대(선분 5개) (각각 입력)
polygon($O, A$), polygon($O, B$), polygon($O, C$)
polygon($O, D$), polygon($O, E$)

| | |
|---|---|
| 관람차 5개<br>(안쪽이<br>색칠된<br>반원) | ① $(x-\sqrt{13}\sin 0.5a)^2$<br>$+(y-(\sqrt{13}\cos 0.5a+4))^2<0.5$<br>$\{y<\sqrt{13}\cos 0.5a+4\}$<br>(검정색, 투명도 0.7)<br><br>② $(x-\sqrt{13}\sin(0.5a+\frac{2}{5}\pi))^2$<br>$+(y-(\sqrt{13}\cos(0.5a+\frac{2}{5}\pi)+4))^2<0.5$<br>$\{y<\sqrt{13}\cos(0.5a+\frac{2}{5}\pi)+4\}$<br>(빨간색, 투명도 0.7)<br><br>③ $(x-\sqrt{13}\sin(0.5a+\frac{4}{5}\pi))^2$<br>$+(y-(\sqrt{13}\cos(0.5a+\frac{4}{5}\pi)+4))^2<0.5$<br>$\{y<\sqrt{13}\cos(0.5a+\frac{4}{5}\pi)+4\}$<br>(검정색, 투명도 0.7)<br><br>④ $(x-\sqrt{13}\sin(0.5a+\frac{6}{5}\pi))^2$<br>$+(y-(\sqrt{13}\cos(0.5a+\frac{6}{5}\pi)+4))^2<0.5$<br>$\{y<\sqrt{13}\cos(0.5a+\frac{6}{5}\pi)+4\}$<br>(검정색, 투명도 0.7)<br><br>⑤ $(x-\sqrt{13}\sin(0.5a+\frac{8}{5}\pi))^2$<br>$+(y-(\sqrt{13}\cos(0.5a+\frac{8}{5}\pi)+4))^2<0.5$<br>$\{y<\sqrt{13}\cos(0.5a+\frac{8}{5}\pi)+4\}$<br>(검정색, 투명도 0.7) |

| | | |
|---|---|---|
| | ⑱ $(x-\sqrt{13}\sin 0.5a)^2 + (y-(\sqrt{13}\cos 0.5a + 4))^2 < 0.5 \ \{y < \sqrt{13}\cos 0.5a + 4\}$ <br> ⑲ $(x-\sqrt{13}\sin(0.5a + \frac{2\pi}{5}))^2 + (y-(\sqrt{13}\cos(0.5a + \frac{2\pi}{5})+4))^2 < 0.5 \ \{y < \sqrt{13}\cos(0.5a + \frac{2\pi}{5})+4\}$ <br> ⑳ $(x-\sqrt{13}\sin(0.5a + \frac{4\pi}{5}))^2 + (y-(\sqrt{13}\cos(0.5a + \frac{4\pi}{5})+4))^2 < 0.5 \ \{y < \sqrt{13}\cos(0.5a + \frac{4\pi}{5})+4\}$ <br> ㉑ $(x-\sqrt{13}\sin(0.5a + \frac{6\pi}{5}))^2 + (y-(\sqrt{13}\cos(0.5a + \frac{6\pi}{5})+4))^2 < 0.5 \ \{y < \sqrt{13}\cos(0.5a + \frac{6\pi}{5})+4\}$ <br> ㉒ $(x-\sqrt{13}\sin(0.5a + \frac{8\pi}{5}))^2 + (y-(\sqrt{13}\cos(0.5a + \frac{8\pi}{5})+4))^2 < 0.5 \ \{y < \sqrt{13}\cos(0.5a + \frac{8\pi}{5})+4\}$ | |
| 빨간 보조 점선 | $y = \sqrt{13}\cos(0.5a + \frac{2}{5}\pi) + 4$ <br><br> ㉓ $y = \sqrt{13}\cos(0.5a + \frac{2\pi}{5}) + 4 \ \{x > \sqrt{13}\sin(0.5a + \frac{2\pi}{5})\}$ | 두께 : 2.5 <br> 빨간색 |
| 초시계 <br> (학생 시간 확인) | $(-3.5, 9)$ (레이블 : \${a_1}초) <br> (점 안 보이게 하기, 레이블 글씨 크기 2, 파란색, 왼쪽 위) <br><br> 31 ○ $(-3.5, 9)$ ✕ <br> ✓ 레이블: \${a_1}초 | |
| 그래프 설정 | 그래프 설정에서 축 숫자와 $y$축을 제거하고 눈금과 $x$축만 남기기 | |

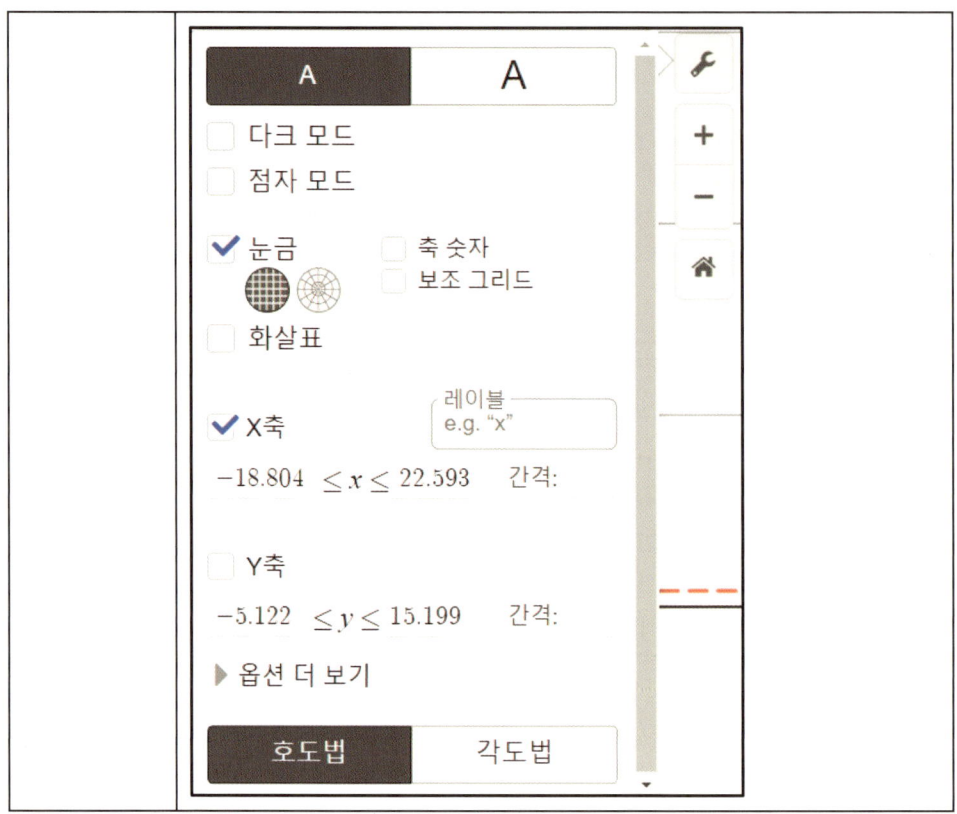

3. '그래프(graph5_1) 스크립트'

```
1 animationDuration: 15
2 bounds: makeBounds(-7.5,7.5,-1,14)
3 number(`a`): this.animationTime
```

1 재생시간을 15초로 설정
2 학생들에게 보여지는 화면의 영역을 $-7.5 \leq x \leq 7.5$, $-1 \leq y \leq 14$로 설정
3 변수 $a$를 이 구성요소의 재생시간으로 정의

4. '그래프(graph5_2) 편집' (대관람차의 시간에 따른 높이 변화 그래프 그리기)

| | |
|---|---|
| 변수 | $a$ (추후에 graph5_1의 재생 시간으로 설정)<br>$a_1 = round(a, 1)$ ($a_1$은 $a$를 소숫점 첫째자리에서 반올림 한 수)<br>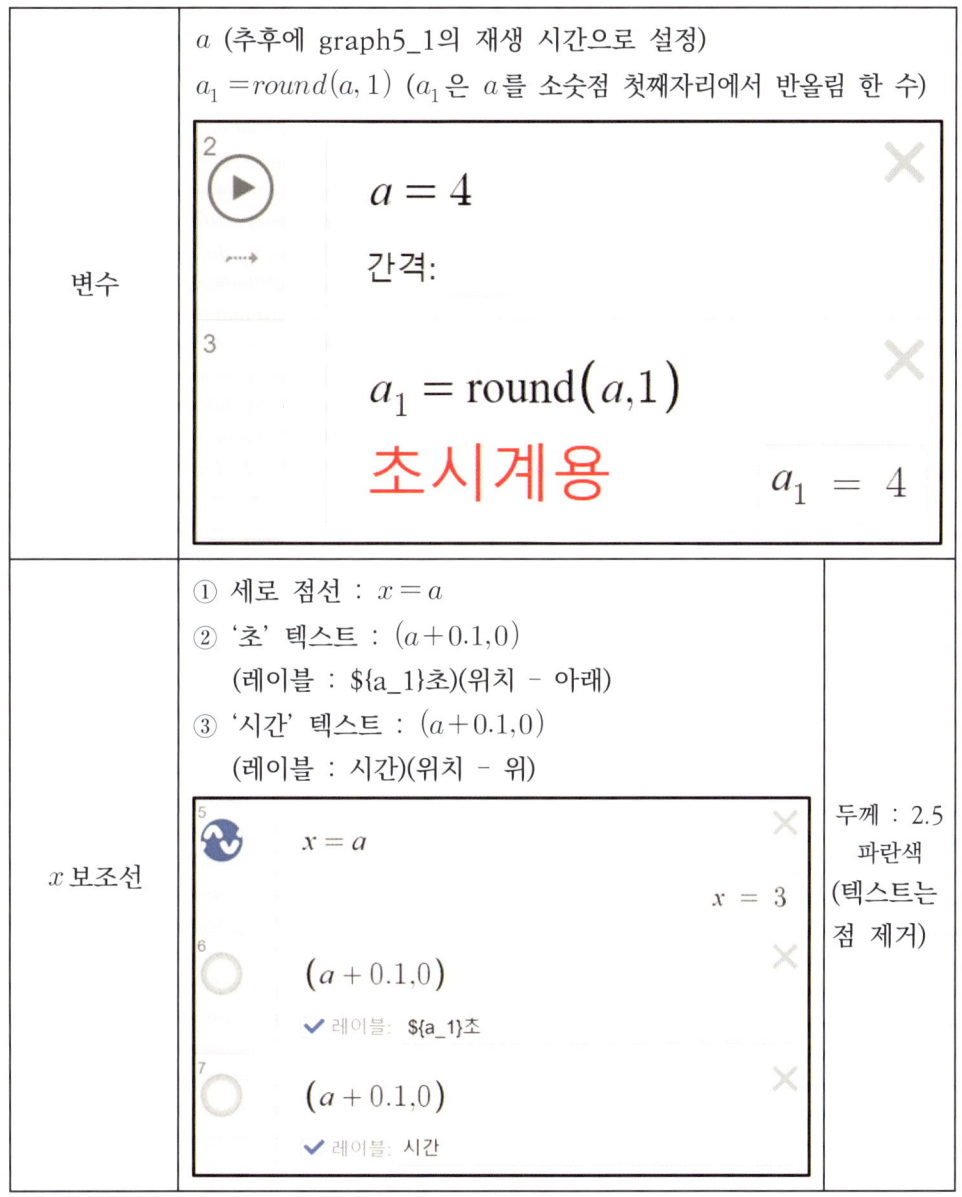 |
| $x$ 보조선 | ① 세로 점선 : $x = a$<br>② '초' 텍스트 : $(a+0.1, 0)$<br>　(레이블 : \${a_1}초)(위치 - 아래)<br>③ '시간' 텍스트 : $(a+0.1, 0)$<br>　(레이블 : 시간)(위치 - 위)<br><br>두께 : 2.5<br>파란색<br>(텍스트는 점 제거) |

| | | |
|---|---|---|
| $y$ 보조선 | ① 가로 점선 : $y=\sqrt{13}\cos(0.5a+\dfrac{2}{5}\pi)+4$<br>② '높이' 텍스트 : $(a+0.1,0)$<br>　(레이블 : 시간)(위치 – 오른쪽 위)<br><br>9　$y = \sqrt{13}\cos\left(0.5a+\dfrac{2\pi}{5}\right)+4$<br>　　　　　　　$y = 0.658320599709$<br><br>10　$\left(0.2,\sqrt{13}\cos\left(0.5a+\dfrac{2\pi}{5}\right)+4\right)$<br>　✓ 레이블: 높이 | 두께 : 2.5<br>빨간색<br>(텍스트는<br>점 제거) |
| 그래프 자취 | ① 시간에 따른 관람차의 높이 좌표 :<br>$(a,\sqrt{13}\cos(0.5a+\dfrac{2}{5}\pi)+4)$<br>② 시간에 따른 관람차의 높이 좌표의 자취 :<br>$(t,\sqrt{13}\cos(0.5t+\dfrac{2}{5}\pi)+4)$<br>($t$의 범위는 $0 \leq t \leq a$)<br><br>12　$\left(t,\sqrt{13}\cos\left(0.5t+\dfrac{2\pi}{5}\right)+4\right)$<br>　　$0\ \leq t \leq\ a$<br><br>13　$\left(a,\sqrt{13}\cos\left(0.5a+\dfrac{2\pi}{5}\right)+4\ \right)$<br>　□ 레이블 | 두께 : 2.5<br>검정색 |

5. '그래프(graph5_2) 스크립트'

```
1 bounds: makeBounds(-0.7,14.3,-1,14)
2 number(`a`): graph5_1.number(`a`)
3 xAxisLabel: "시간(초)"
4 yAxisLabel: "높이"
5 initialColor: colors.black
6 background:sketchLayer(d41.sketch.setColor(rgb(100,100,100)))
```

1 학생들에게 보여지는 화면의 영역을 $-0.7 \leq x \leq 14.3$, $-1 \leq y \leq 14$로 설정
2 변수 $a$를 그래프(graph5_1)의 $a$로 정의
3 $x$축을 "시간(초)"로 명명
4 $y$축을 "높이"로 명명
5 그림판의 시작 연필 색을 검정으로 설정
6 배경을 이전 활동의 학생들이 그린 그림(d41)으로 정의

6. 메모(memo5_1) 입력

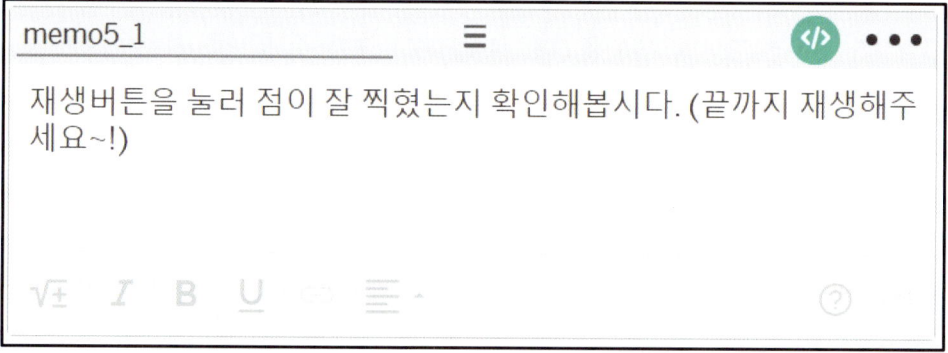

7. '메모(memo5_1) 스크립트'

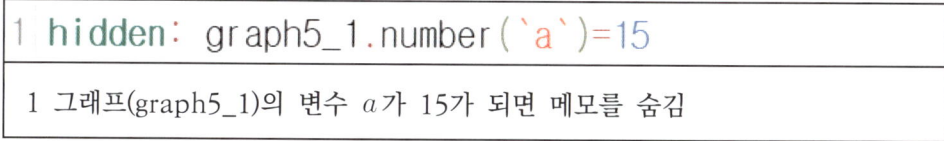

1 그래프(graph5_1)의 변수 $a$가 15가 되면 메모를 숨김

학생들이 관람차가 끝까지 재생되면 해당 문구를 볼 필요가 없으므로 숨김

8. 메모(memo5_2) 입력

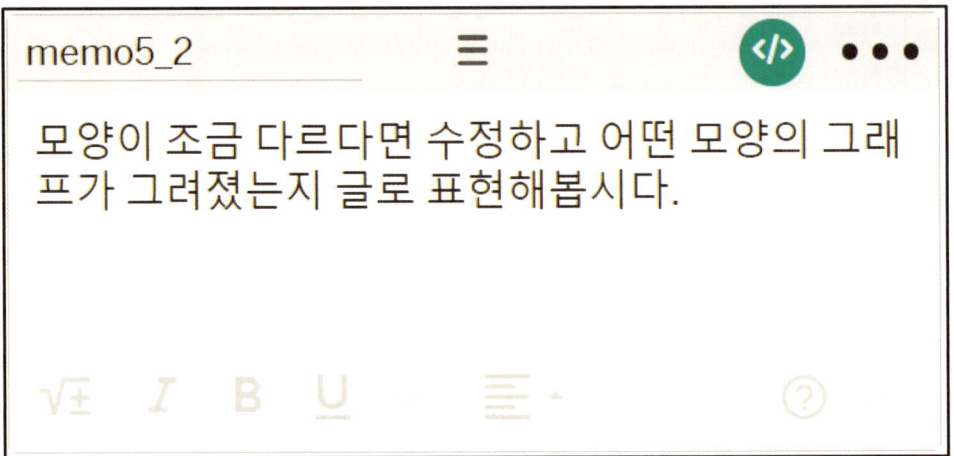

9. '메모(memo5_2) 스크립트'

```
1 hidden: not(graph5_1.number(`a`)=15)
```

1 그래프(graph5_1)의 변수 $a$가 15가 되면 메모를 나타나게 함

관람차가 전부 움직이면 이전에 그린 그래프와 비교할 수 있도록 하는 메모를 볼 수 있게 설정

10. '자유답변 스크립트'

```
1 hidden: not(graph5_1.number(`a`)=15)
```

1 그래프(graph5_1)의 변수 $a$가 15가 되면 자유답변을 나타나게 함

학생들이 그려진 그래프를 보고 그래프의 형태를 표현할 수 있도록 답변란을 만듦

## TIP

1. 'animationDuration:10'으로 설정할 경우 재생시간이 10초가 되며 $a$의 최댓값도 10이 됩니다. 따라서 $0 \leq x \leq 10$ 영역의 그래프가 그려집니다.
2. $a$의 값이나 영역을 따로 설정하지 않아도 스크립트 명령어가 그래프 입력값보다 우선순위를 갖기 때문에 그래프의 자취가 스크립트대로 그려집니다.

# 제 4장
# 접선의 방정식 (고2)

# 32 접선의 방정식

고2    - 주어진 접점에서의 접선의 방정식 (슬라이드 1)    number, capture

## 한눈에 보기

이차곡선 모양의 도로와 깃발을 접점으로 하는 실생활의 상황에서 주어진 접점에서 접선의 방정식을 그려보는 활동입니다. 이를 통해 접선의 의미를 알아볼 수 있습니다. capture을 이용하여 이차곡선을 따라 달리는 자동차가 버튼을 누른 후에는 접선을 따라 움직이도록 할 것입니다.

[교사 화면]

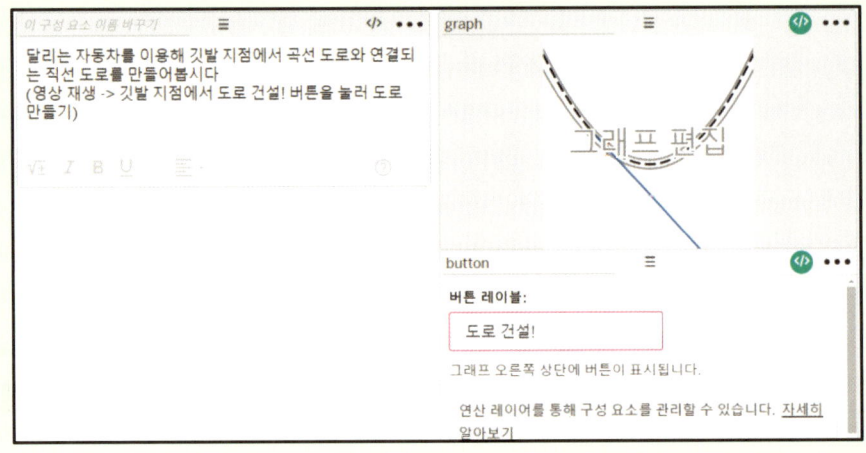

[학생 화면]

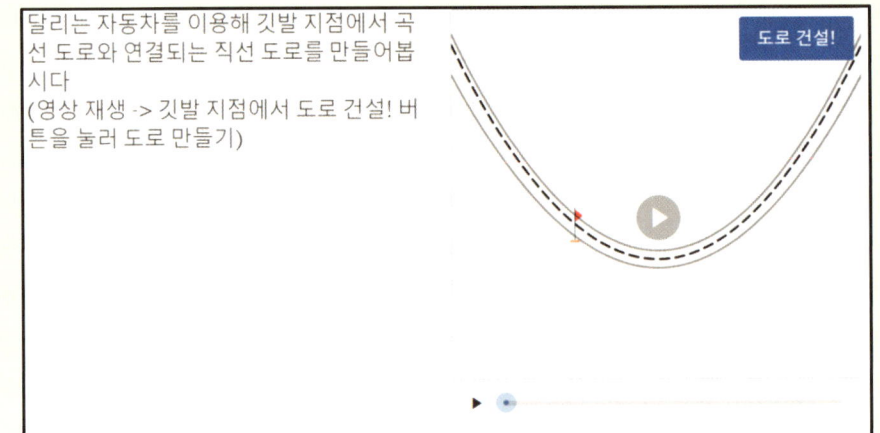

## 제작해보기

1. '메모', '그래프(graph)', '행동 버튼(button)'을 생성하기
2. '메모'에 다음과 같이 과제 설명 입력하기

> 달리는 자동차를 이용해 깃발 지점에서 곡선 도로와 연결되는 직선 도로를 만들어봅시다
> (영상 재생 -> 깃발 지점에서 도로 건설! 버튼을 눌러 도로 만들기)

3. '행동 버튼'의 버튼 레이블에 '도로 건설!'을 입력하기

4. '그래프 편집'에서
① $f(x) = x^2 + 1$을 입력하고 점선 모양으로 설정해 곡선 도로를 만들기
   $r(x) = 0.9x^2 + 0.75$, $h(x) = 1.01x^2 + 1.25$를 입력해 도로 모양 디자인해주기
② 깃발 이미지를 추가해 중심을 $(-1, 2)$로 설정하기

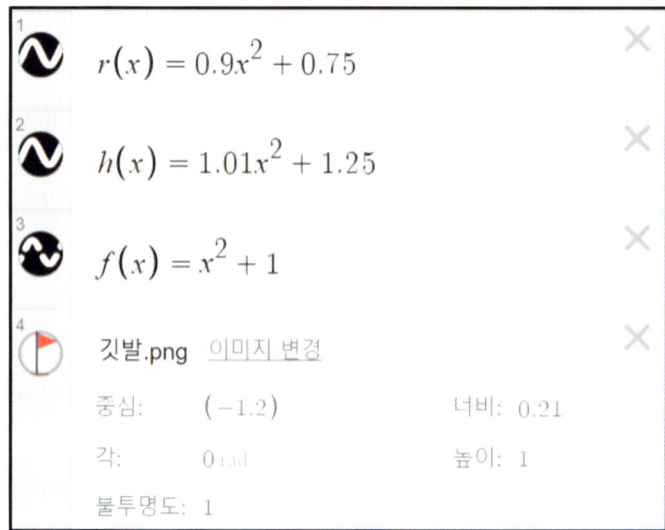

▲ 사진 파일 QR코드

5. '그래프 편집'에서
① 자동차 이미지를 추가해 너비와 높이를 조절해주고 중심을
   $(a_1, f(a_1))\{m=0\}$ 으로 입력해주기
② $a_1 = a - 3$으로 설정해주기
   -> 행동 버튼을 누르기 전에는 자동차가 이차곡선 $y = f(x)$를 따라
   움직이도록 설정한 것

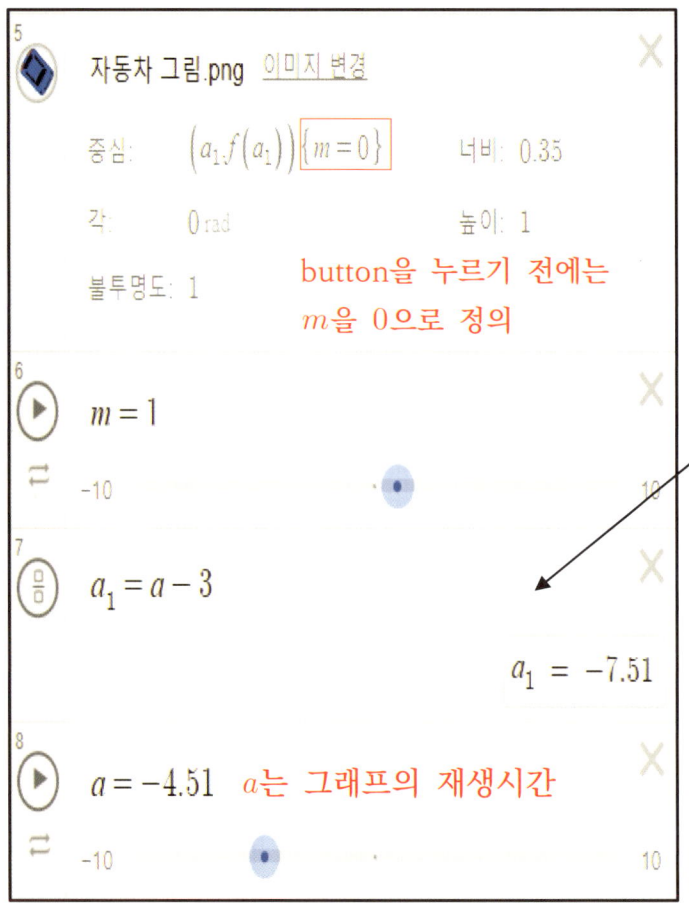

6. '행동 버튼 스크립트'

```
1 capture("history"): graph.number(`a_1`)
```

1 button을 누를 때마다 histroy에 graph의 숫자 a_1(움직이고 있는 자동차의 $x$좌표)를 캡처하여 저장

7. '그래프 편집'에서
① $g(x) = 2t(x-t) + t^2 + 1\{t < x\}, \{m=1\}$을 입력하여 $x$좌표가 $t$인 점에서 정의역이 $t$보다 큰 실수인 이차곡선의 접선을 그려주기
② 넘버리스트 $[t]$를 입력해주기
③ 그래프 편집창5의 자동차 이미지를 복사 붙여넣기하고 중심을 $(a_1, g(a_1))\{m=1\}$으로 입력하여 행동 버튼을 누른 후에는 자동차가 직선 $y = g(x)$를 따라 움직이도록 설정하기

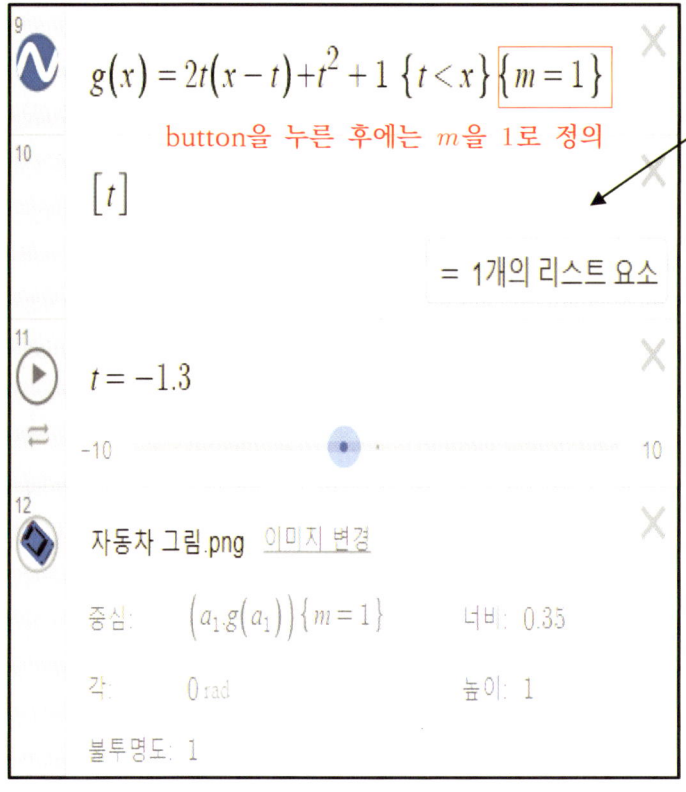

8 '그래프 스크립트'

```
1 animationDuration: 6
2 number(`a`): this.animationTime
3 number(`m`): when button.pressCount>0 1 otherwise 0
4 numberList(`t`): button.history("history")
```

1 재생시간을 6초로 설정
2 변수 $a$를 이 그래프의 재생시간으로 정의
3 변수 $m$을 button을 누른 후에는 1로, 그 외에는 0으로 정의
4 넘버리스트 $t$를 button의 history에 저장된 값들을 추가하는 것으로 정의

TIP

1. '제작해보기 순서 5번'에서 $a_1$을 정의할 때 자동차의 속도를 조절하기 위해서 $\frac{a}{2}-3$ 등과 같이 설정하는 것도 가능합니다

2. 학생들이 이번 슬라이드에서 직접 그린 접선의 방정식을 background와 bounds를 사용하여 다음 슬라이드의 그래프로 불러와 학습에 사용할 수 있습니다 (p. 102) 와 슬라이드2 참고

# 33 접선의 방정식

고2 　 - 기울기가 주어진 접선의 방정식 (슬라이드 4)

## 한눈에 보기

기울기가 주어진 접선의 방정식을 구해보는 활동입니다. 직선 도로를 움직여 곡선 도로에 접하게 만들면 자동차가 나타나는 상황을 통해 학생들이 접선과 접점의 의미를 인식할 수 있습니다.

[교사 화면]

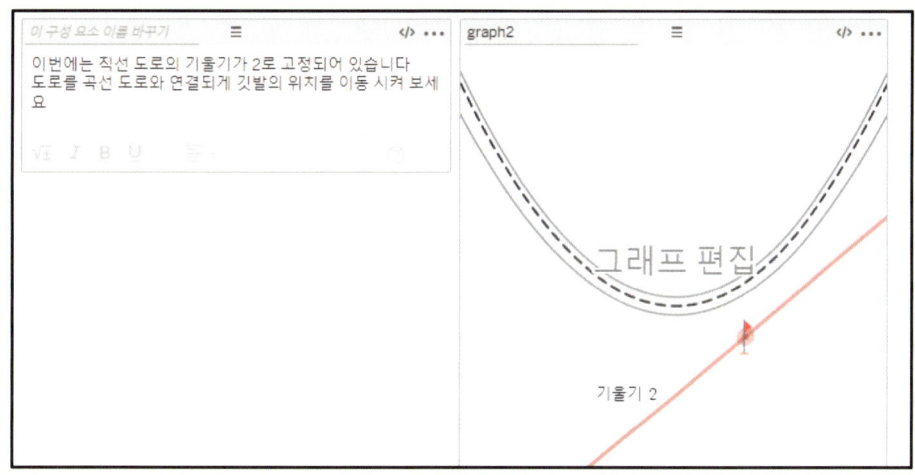

[학생 화면]

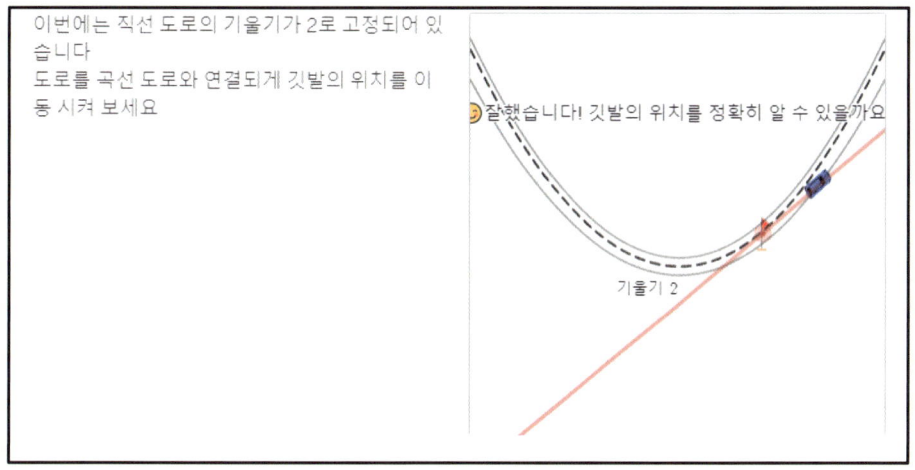

## 제작해보기

1. '메모', '그래프(graph2)'를 생성하기
2. '메모'에 다음과 같이 과제 설명 입력하기

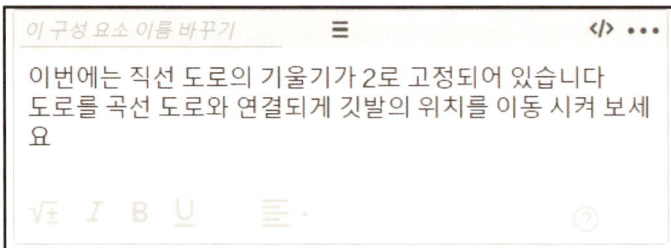

3. '그래프 편집'에서
① $f(x) = x^2 + 1$을 입력하고 점선 모양으로 설정해 곡선 도로를 만들기
② $r(x) = 0.9x^2 + 0.75$, $h(x) = 1.01x^2 + 1.25$를 입력해 도로 모양 디자인해주기

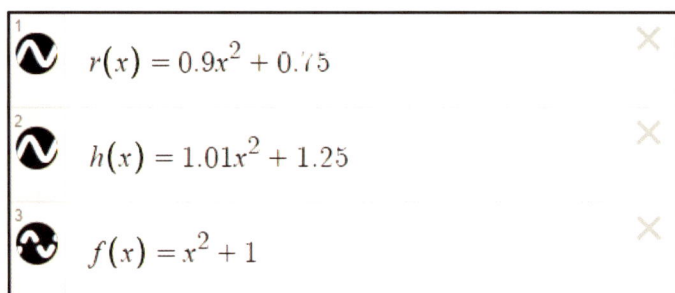

4. '그래프 편집'에서
① $y = 2(x-p) + q$를 입력해 기울기가 2인 직선 도로 만들기
② $(p, q)$를 입력하고 상하좌우 드래그를 허용해 점을 움직일 수 있도록 하기
③ 깃발 이미지를 추가해 중심을 $(p, q)$로 설정하기
④ $(p-1, q-2)$를 입력하고 레이블에 기울기 '2'를 입력하기

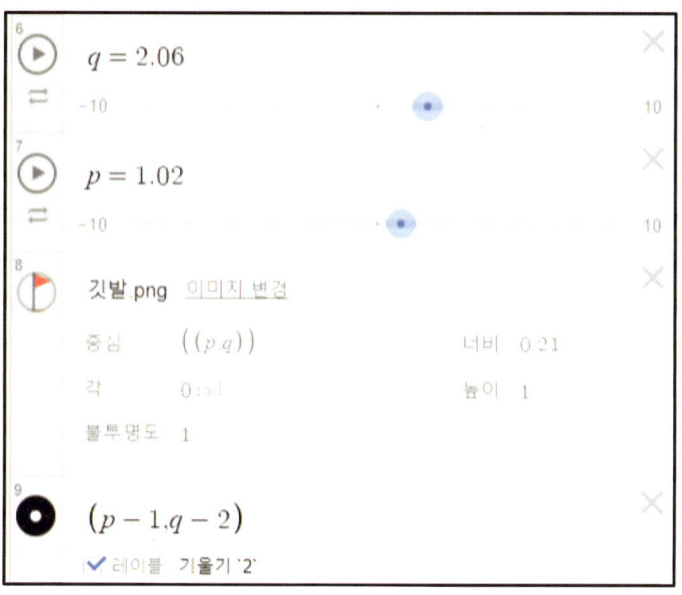

5. '그래프 편집'에서
① 자동차 이미지를 추가해 너비와 높이, 각을 조절해주고 중심을
   $(a, 2(a-1)+2)\{|p-1|<0.1\}\{|q-2|<0.1\}$으로 입력해주기
② $(0,5)\{|p-1|<0.1\}\{|q-2|<0.1\}$를 입력하고 레이블에 '잘했습니다! 깃발의 위치를 정확히 알 수 있을까요?'를 입력하기
   -> 깃발의 점 $(p,q)$가 접점인 $(1,2)$에 대해서 각 좌표의 오차범위가 0.1일 때 자동차 그림과 설명이 나타나게 설정해 준 것

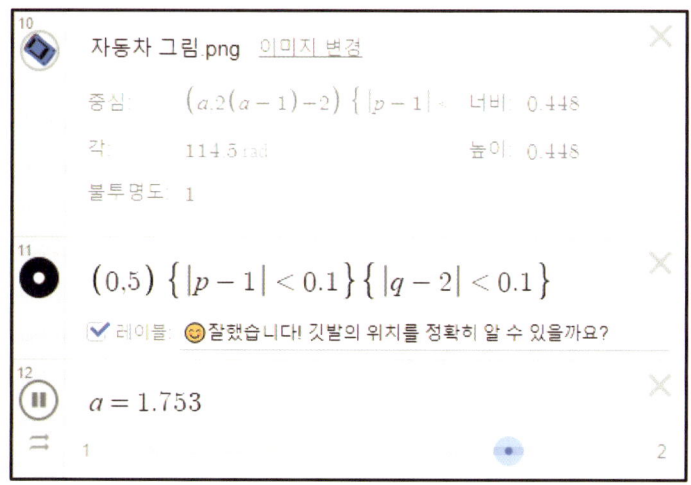